中国法学会2021年度部级法学研究课题一般项目[CLS(2021)C22)]
中南财经政法大学中央高校基本科研业务费青年教师创新项目(2722022BQ053)
研究成果

南湖
法学文库

新业态知识产权保护法律问题研究

刘 鑫 著

法律出版社
LAW PRESS·CHINA
北京

图书在版编目(CIP)数据

新业态知识产权保护法律问题研究 / 刘鑫著. -- 北京：法律出版社，2022
ISBN 978 - 7 - 5197 - 7186 - 7

Ⅰ. ①新… Ⅱ. ①刘… Ⅲ. ①知识产权法－研究－中国 Ⅳ. ①D923.404

中国版本图书馆 CIP 数据核字(2022)第 191017 号

新业态知识产权保护法律问题研究
XINYETAI ZHISHI CHANQUAN BAOHU FALÜ WENTI YANJIU

刘 鑫 著

责任编辑 宋丽娜
装帧设计 贾丹丹

出版发行 法律出版社
编辑统筹 法律教育出版分社
责任校对 王晓萍 王语童
责任印制 刘晓伟
经　　销 新华书店

开本 A5
印张 6.75 **字数** 161 千
版本 2022 年 11 月第 1 版
印次 2022 年 11 月第 1 次印刷
印刷 北京建宏印刷有限公司

地址:北京市丰台区莲花池西里 7 号(100073)
网址:www.lawpress.com.cn
投稿邮箱:info@lawpress.com.cn
举报盗版邮箱:jbwq@lawpress.com.cn
销售电话:010 - 83938349
客服电话:010 - 83938350
咨询电话:010 - 63939796

书号:ISBN 978 - 7 - 5197 - 7186 - 7
定价:36.00 元

总　序

历经几回寒暑，走过数载春秋，南湖畔的中南法学在不断精心酿造中步步成长。中南法学影响的与日俱增，离不开长江边上这座历史悠久、通衢九州的名城武汉，更离不开中南法律人辛勤耕耘、励精图治的学术精神。中南学子源于各地聚集于此，又在遍布大江南北传承法学精神、砥砺品格、守望正义的同时，在法学和司法实践部门坚持创新、止于至善，作出了卓越的贡献。

纵观中南法学的成长史，从1952年9月成立中原大学政法学院，到1953年4月合并中山大学、广西大学、湖南大学的政法系科，成立中南政法学院，后至1958年成为湖北大学法律系，1977年演变为湖北财经学院法律系，转而于1984年恢复中南政法学院，又经2000年5月的中南财经大学与中南政法学院合并至今，中南财经政法大学法学院已然积淀了50年的办学历史。虽经几度分合，但“博学、韬奋、诚信、图治”的人文精神经过一代又一代中南学人的传承而日臻完善，笃志好学的研习氛围越发浓厚。中南法学经过几十年的积累，其学术成果屡见丰硕。“南湖法学文库”这套丛书的编辑出版，就是要逐步展示中南法学的学术积累，传播法学研究的中南学派之精神。

中南法学经过数十载耕耘，逐渐形成了自成一格的中南法学流派。中南法律人在“为学、为用、为效、为公”教育理念的引导下，历练出了自有特色的“创新、务实”的学术精神。在国际化与跨地区、跨领域交流日益频繁的今天，中南法学以多位中南法学大家为中心，秉承多元化的研究模式与多样性的学术理念，坚持善于批判的学术精神，勇于探讨、无惧成论。尤其是年轻的中南法学学子们，更是敢于扎根基础理论的研习，甘于寂寞；同时也关注热点，忧心时事，活跃于网络论坛，驰骋于法学天地。

从历史上的政法学院到21世纪的法学院，前辈们的学术积淀影响深远，至今仍给中南法学学子甚至中国法学以启迪；师承他们的学术思想，沐浴其熠熠生辉的光泽，新一辈的中南法律人正在法学这片沃土上默默耕耘、坚韧不拔。此次中南财经政法大学法学院推出这套“南湖法学文库”，作为中南法学流派的窗口，就是要推出新人新作，推出名家精品，以求全面反映法学院的整体科研实力，并使更多的学者和学子得以深入了解中南法学。按照文库编委会的计划，每年文库将推出5至6本专著。相信在中南法律人的共同努力下，文库将成为法学领域学术传播与学术交流的媒介与平台，成为中南法律人在法学研习道路上的阶梯，成为传承中南法学精神的又一个载体，并为中国法学研究的理论与实践创新作出贡献。

晓南湖畔书声朗，希贤岭端佳话频。把握并坚守了中南法学的魂，中南法律人定当继续开拓进取，一如既往地迸发出中南法学的铿锵之声。

是为序。

吴汉东

2011年2月1日

加快新领域新业态知识产权立法*

（代前言）

习近平总书记指出："创新是引领发展的第一动力，保护知识产权就是保护创新。"当前，大数据、云计算、人工智能等前沿技术发展日新月异，应用场景不断拓展，创新引领作用日益增强，这对新领域新业态的知识产权保护提出了新的更高要求。《国民经济和社会发展第十四个五年规划和2035年远景目标纲要》对健全知识产权保护运用体制作出战略部署，强调"完善知识产权相关法律法规，加快新领域新业态知识产权立法"。深入贯彻落实这一要求，对于促进知识产权制度更好发挥创新激励作用、推动新领域新业态科技成果运用、助力产业转型升级和高质量发展具有重要意义。

随着信息技术、基因技术等现代科技与产业发展日益融合，新领域新业态的知识产权保护问题逐步凸显。例如，网络传播方式催生了新的作品创作模式，一些传统上由专业作者创作的内容可以由网络用户生成，这改变了对著作权的传统认识，引发了如

---

* 原文刊载于《人民日报》2021年4月26日，第9版（理论版）。

何对网络著作权进行保护的思考。基因检测等技术已走向实际应用,蕴含生物功能的基因技术成果能否作为专利权客体受到保护也引发各界讨论。大数据、云计算等技术及相关产业蓬勃发展,在带给人们智能化生产生活的同时,也呼唤人工智能技术的知识产权保护。不同于传统意义上辅助人类工作的机器设备,人工智能具有较强学习能力,可以自主进行创造性工作。当前,人工智能相关知识产权规则还不健全,对发明人地位、生成内容的知识产权认定和保护,还需要更多法律依据。有效解决这些问题,需要完善新领域新业态知识产权规则。

作为创新发展的重要制度保障,知识产权制度建设始终与创新同频共振。回顾知识产权制度的发展历史可以发现,重要法律变革往往与重大科技创新密切相关。当前,我国正在从知识产权引进大国向知识产权创造大国转变,知识产权工作正在从追求数量向提高质量转变。在新领域新业态知识产权方面尤其需要加强立法,使知识产权规则与时俱进,更好满足新领域新业态的发展需要,如丰富知识产权的权利类型、拓展权利客体范畴,进一步激发相关新领域新业态的发展活力;完善大数据、云计算等人工智能相关技术的知识产权保护规则,激励人工智能领域研发,促进人工智能持续健康发展。

改革开放40多年来,我国《商标法》《专利法》《著作权法》《植物新品种保护条例》《集成电路布图设计保护条例》等知识产权法律法规相继出台、日益完善,知识产权制度不断创新发展,走出了一条中国特色知识产权发展之路。加快大数据、云计算、人工智能等新领域新业态知识产权立法,健全新领域新业态知识产权保护制度,不仅是全面加强知识产权保护工作、激发全社会创新活力、加快构建新发展格局的内在要求,也是我国知识产权制度进一步创新发展的重要机遇。完善相关规则,需要适应新领域新业态的发展要求,提高知识产权创造、运用、保护、管理、服务全链条的系统治理能力。要积极融入全球知识产权治理变革进程,开展全方位、多层次、高水平的国际合作,体现平等、开放、透明、包容精神,提高新兴市场国家和发展中国家代表性和发言权。注重提炼中国知识产权保护经验并进行国际化表达,增强新领域新业态知识产权议题议程设置能力,提高在规则制定中的话语权,与国际社会携手应对新领域新业态知识产权保护中遇到的各种问题,促进全球知识产权治理体制向着更加公正合理方向发展。

目　录

第一章　导　　论

一、研究背景：新业态知识产权保护法律问题的表现与因应

伴随科学技术的飞速进步与经济社会的持续发展，知识产权制度被越来越广泛地应用于新兴技术的成果保护与相关技术的市场交易之中，成为技术创新与经济增长的重要制度保障。当前，诸如大数据、云计算、基因编辑、人工智能等新兴科技成果的不断涌现与广泛应用，使我国经济社会飞速发展，并呈现日益多元化的科创研发新领域和市场运营新业态。作为创新发展的重要制度保障，知识产权制度应与时俱进，以适时的制度创新对新技术、新领域、新业态作出立法回应。为此，我国在《国民经济和社会发展第十四个五年规划和2035年远景目标纲要》提出了完善知识产权相关法律法规，加快新领域新业态知识产权立法的战略规划。之所以高度关注新业态知识产权保护法律问题，究其根本，是因为现行知识产权制度无法实现、新技术与新市场运营机制之间的有效契合，科学技术更新换代之快与经济社会变革速率之高则无疑是造成这一情况的终极缘由。[1]

回顾知识产权制度的演进历程，可以发现，每一次的重大法

〔1〕 参见王一奇：《理由与提供理由的事实》，载谢世民主编：《理由转向：规范性之哲学研究》，台北，台湾大学出版中心2015年版，第105－140页。

律变革都与科技创新的突破性进展以及科技创新成果的产业化运用密切相关。[1] 尤其是20世纪中后期掀起的以信息技术、基因技术为代表的第四次革命,科技创新成果的跨越式进步直接推动了知识产权制度的现代化变革,也开拓了网络著作权与基因专利权等知识产权保护新领域。交互性的网络传播方式使作品生成模式从传统的专业作者创作转变为网络用户生成内容,深刻改变了著作权产业的运营模式。[2] 基因检测、基因编辑等基因技术的实际应用,衍生出将蕴含生命潜能的基因技术成果作为专利客体予以保护的理论争议与实践探索。[3] 当前,大数据、云计算等新兴科技成果所驱动的人工智能技术及其相关产业,在带给人们智能化生产生活的同时,也引发了智能社会下新领域与新业态的知识产权保护难题。不同于传统意义上辅助人类工作的机器设备,人工智能具备了脱离人类干预与控制自主进行创造性工作的能力。但人工智能本身法律主体资格的缺失性却使其生成内容及发明的知识产权认定陷入困境,严重制约了人工智能知识产权新领域与新业态的有序运行。[4]

有鉴于此,为理顺新业态知识产权保护法律问题的主要表现与形成诱因,本书从新业态知识产权保护法律问题生成的科技背景与经济场景着手,以知识产权保护问题突出的数字网络新业态、基因科创新业态、人工智能新业态为例,阐明新业态知识产权

---

[1] 参见刘鑫:《新业态知识产权保护法律问题的阐释与纾解》,载《中国市场监管研究》2021年第10期。

[2] 参见熊琦:《Web 2.0时代的著作权法:问题、争议与应对》,载《政法论坛》2014年第4期。

[3] 参见刘鑫:《基因技术专利化的问题、争议与应对》,载《电子知识产权》2021年第8期。

[4] 参见刘鑫:《人工智能对知识产权制度的挑战与破解——洛克"财产权劳动学说"视角下的路径选择》,载《云南社会科学》2020年第6期。

保护法律问题的基本由来，并以此为基础探究新业态知识产权保护法律问题的具体样态，从而为新业态知识产权保护法律问题的有效应对提供参考与指引。

二、研究思路：新业态知识产权保护法律问题的类型化阐释

为实现对新业态知识产权保护法律问题的理论回应与立法应对，本书采用法学、经济学、政策学等多学科交叉的研究方法，在理论分析、制度比较分析的基础上，对新业态知识产权法律问题与实践进行深入探究，以知识产权保护问题突出的数字网络新业态、基因科创新业态、人工智能新业态为例，对不同创新实践过程中不同类型的法律问题展开实证分析，力求为新业态知识产权保护法律问题的解决提供有效的参考建议与立法指引。

（一）信息技术革命与数字网络新业态的知识产权保护问题

信息技术作为新技术革命的典型代表，已经深入人类社会的方方面面，改变了我们的生活、生产与交往的方式。信息技术带来信息广泛而便捷的传播，从最初的 Web 1.0 到如今的 Web 4.0，信息传播的交互性、即时性、整合性不断增强，逐步实现了网络用户之间的信息共享。[1] 与此同时，信息技术还催生了诸如网络文学、网络音乐、网络游戏等数字网络新业态，极大地促进了产业的转型和经济的增长。但是，随着信息技术的持续发展，相关产业运行中各个主体之间的利益格局发生了巨大改变，网络著作权问题、网络不正当竞争问题等信息技术所引发的知识产权制度挑战日益凸显，亟需通过制度变革来实现知识产权法律与数字网络新业态之间的协调。

---

〔1〕 参见吴汉东：《网络版权的技术革命、产业变革与制度创新》，载《中国版权》2016年第6期。

著作权问题已成为信息技术产业的“阿喀琉斯之踵”，是数字网络新业态发展中必须去面对和解决的问题。[1] 在网络环境下，传统的著作权规则面临着权利主体、权利客体、权利内容和权利保护等诸多方面的挑战。首先，在网络著作权主体方面，新的主体界定标准影响了传统权利配置方式。信息技术直接导致了“虚拟人”“虚拟组织”的出现，著作权主体的表现形式更加丰富、身份认定更加复杂。[2] 与此同时，随着网络信息共享程度的不断加深，网络著作权的生成方式也从传统的专业作者创作作品转变为网络用户生成内容，直接改变了著作权制度运行模式和著作权产业的运营模式。[3] 其次，在网络著作权客体方面，新的客体利用方式改变了传统权利运行规则。例如：网络环境下，音乐作品通过在线方式进行传播，现有著作权许可模式难以适应商业模式的改变；[4] 随着网络游戏产业的不断发展，网络游戏的著作权保护问题日益凸显；[5] 网络直播平台的蓬勃发展，则衍生出了体育赛

---

〔1〕 相关论述，参见肖尤丹：《发展困局：我国网络著作权制度的嬗变及转型》，载《图书情报知识》2010 年第 2 期；吴汉东：《网络技术革命与版权制度变革》，载《中国出版》2015 年第 23 期。

〔2〕 参见王景川、胡开忠主编：《知识产权制度现代化问题研究》，北京大学出版社 2010 年版，第 36 页。

〔3〕 参见熊琦：《Web 2.0 时代的著作权法：问题、争议与应对》，载《政法论坛》2014 年第 4 期。

〔4〕 相关论述，参见梅夏英、姜福晓：《数字网络环境中著作权实现的困境与出路——基于 P2P 技术背景下美国音乐产业的实证分析》，载《北方法学》2014 年第 2 期；熊琦：《音乐著作权许可模式的转型路径选择》，载《法学家》2014 年第 1 期；熊琦：《音乐著作权制度体系的生成与继受》，载《法学》2013 年第 12 期。

〔5〕 相关论述，参见崔国斌：《认真对待游戏著作权》，载《知识产权》2016 年第 2 期；凌宗亮：《网络游戏的作品属性及其权利归属》，载《中国版权》2016 年第 5 期。

事直播与网络游戏直播的著作权问题。[1] 再次,在网络著作权内容方面,新的作品保护形式突破了传统权利保护范围。在信息飞速传播、海量存储的网络时代,著作权保护范围不再局限于发表权、复制权等传统内容,出现了信息网络传播权和数据库权利等新兴权项。[2] 最后,在网络著作权保护方面,新的侵权认定规则动摇了传统权利救济手段。信息技术时代,民事权益保护方式和侵权责任认定机制都发生了重要的变化。为有效维护著作权人的合法权益,在网络环境下出现了网络服务提供者的间接侵权责任;[3] 为合理界定侵权责任,则产生了"服务器标准"等网络著作权侵权认定标准。[4]

反不正当竞争问题是数字网络新业态发展过程中出现的另

---

〔1〕 关于体育赛事直播著作权问题的相关论述,参见王迁:《论体育赛事现场直播画面的著作权保护——兼评"凤凰网赛事转播案"》,载《法律科学(西北政法大学学报)》2016 年第 1 期;丛立先:《体育赛事直播节目的版权问题析论》,载《中国版权》2015 年第 4 期。关于网络游戏直播著作权问题的相关论述,参见冯晓青:《网络游戏直播画面的作品属性及其相关著作权问题研究》,载《知识产权》2017 年第 1 期;祝建军:《网络游戏直播的著作权问题研究》,载《知识产权》2017 年第 1 期;李扬:《网络游戏直播中的著作权问题》,载《知识产权》2017 年第 1 期。

〔2〕 关于信息网络传播权的相关论述,参见乔生:《信息网络传播权立法评价与完善》,载《中国法学》2004 年第 4 期;焦和平:《三网融合下广播权与信息网络传播权的重构——兼析〈著作权法(修改草案)〉前两稿的相关规定》,载《法律科学(西北政法大学学报)》2013 年第 1 期。关于数据库权利的相关论述,参见李扬:《数据库特殊权利保护制度的缺陷及立法完善》,载《法商研究》2003 年第 4 期;孔德周:《论数据库专门立法保护的必要性》,载《法学杂志》2011 年第 1 期。

〔3〕 相关论述,参见冯术杰:《论网络服务提供者间接侵权责任的过错形态》,载《中国法学》2016 年第 4 期;吴汉东:《论网络服务提供者的著作权侵权责任》,载《中国法学》2011 年第 2 期;曹阳:《知识产权间接侵权责任的主观要件分析——以网络服务提供者为主要对象》,载《知识产权》2012 年第 11 期。

〔4〕 相关论述,参见刘银良:《信息网络传播权的侵权判定——从"用户感知标准"到"提供标准"》,载《法学》2017 年第 10 期;王迁:《论提供"深层链接"行为的法律定性及其规制》,载《法学》2016 年第 10 期;崔国斌:《得形忘意的服务器标准》,载《知识产权》2016 年第 8 期;刘家瑞:《为何历史选择了服务器标准——兼论聚合链接的归责原则》,载《知识产权》2017 年第 2 期。

一大制度挑战。基于信息技术的高科技性、虚拟性与即时性的特点，网络时代不正当竞争行为技术特性明显、实施速度快、所涉危害范围广泛且结果严重。《反不正当竞争法》中所规定的不正当竞争行为类型，在网络环境下往往都呈现出了新的特点，获得新的发展，如虚假宣传、商业诋毁等不正当竞争行为，会在不正当链接或者不正当关键词搜索的情况下形成网络虚假宣传、网络商业诋毁等网络不正当竞争行为；与此同时，随着数字网络新业态的持续发展，实践中还出现了侵犯网络域名行为、软件恶意滋扰行为等《反不正当竞争法》中并未涉及的新型不正当竞争行为。[1]针对网络不正当竞争行为，司法实践中为对其中包含的公共利益进行合理衡量，则产生了"非公益必要不干扰原则"等司法认定标准。[2]

此外，在数字网络新业态下，专利制度和商标制度也都在不同程度上展现出了新的发展。例如，《专利法》就针对网络环境中的专利侵权问题，专门设置了专利领域的"避风港"规则；[3]商标在网络环境下的使用极大地扩大了商标宣传与推广的范围的同时，也产生了网络商标侵权的副作用，并衍生出网络商标侵权行

〔1〕 相关论述，参见晁金典、周君丽：《网络不正当竞争法律规制再考量》，载《法律适用》2014 年第 7 期；吴汉东：《论反不正当竞争中的知识产权问题》，载《现代法学》2013 年第 1 期；方晓霞：《网络不正当竞争行为的类型化分析》，载《知识产权》2011 年第 8 期。

〔2〕 相关论述，参见石必胜：《网络不正当竞争认定中的公共利益考量》，载《电子知识产权》2015 年第 3 期；宋亚辉：《网络干扰行为的竞争法规制——"非公益必要不干扰原则"的检讨与修正》，载《法商研究》2017 年第 4 期；陶鑫良：《非公益必要不干扰原则与反不正当竞争法一般条款适用》，载《电子知识产权》2015 年第 3 期。

〔3〕 相关论述，参见詹映：《"通知—移除"规则在专利领域的适用性分析》，载《法商研究》2017 年第 6 期；王迁：《论"通知与移除"规则对专利领域的适用性——兼评〈专利法修订草案（送审稿）〉第 63 条第 2 款》，载《知识产权》2016 年第 3 期。

为的法律性质判断与损害赔偿计算等一系列的问题。[1] 包含云计算平台在内的诸多新型网络服务平台所带来的现行“避风港”规则的适用困境,进一步诱发了全新的知识产权间接侵权认定难题。[2]

(二)生物技术发展与基因科创新业态的知识产权保护问题

生物技术作为破解生物遗传密码的重要手段,以 1953 年 DNA 双螺旋结构的发现为开端,并于 20 世纪中后期获得飞速发展。其中,基因技术的发展使人类充分了解了不同生物的基因结构,并改良现有生物的基因结构而创造出新的生物。目前,随着基因技术商业化的逐步实现,基因科创新业态不断涌现,为平衡技术研发者与使用者之间的利益关系,运用专利制度、植物新品种制度等知识产权法律规范来保护基因技术研发与使用的诉求越发强烈。

基因科创新业态的知识产权保护,是推进基因技术等生物技术持续发展的一种法律保障。但是,由于基因技术的特殊性,其是否具有可专利性在理论界一直存在争议。反对者一般认为人体基因本质是一种自然存在,是一种有生命属性的物质,并非人为创造产生,应属于发现而非发明,不应由任何一个专利权人所控制;[3] 支持者则认为,发现基因序列的存在的确不是发明,因为

---

〔1〕 相关论述,参见孙海龙、姚建军:《网络商标侵权问题研究》,载《电子知识产权》2007 年第 8 期;刘贵增、陈雪娇:《网络商标侵权涉及的法律问题分析》,载《中华商标》2014 年第 1 期。

〔2〕 相关论述,参见王渊:《数据安全视角下 IaaS 模式云服务商版权责任研究——以阿里云版权侵权案为例》,载《中国科技论坛》2020 年第 8 期;倪朱亮、徐丽娟:《“通知—删除”规则的适用局限及出路——以两则新型网络服务提供者案例为切入点》,载《电子知识产权》2020 年第 4 期。

〔3〕 See Graham Dutfield, *Intellectual Property, Biogenetic Resources and Traditional Knowledge*, Earthscan Press, 2004, p. 3.

其只是自然存在，但是创造性地将基因从生物体中分离、提纯出来，或是将分离、提纯出来的基因进行再合成，并使之成为具有实用性的产品，则应被视为发明，具有可专利性。例如，在 2011 年的 Myriad 案中，美国法院就采取将自然基因和合成基因区别对待的方式，承认了 BRCA1/2 基因的可专利性。〔1〕随着基因技术由基因定序、分离纯化等基础研究向生物制药、基因治疗等临床应用的发展，研发过程中将需要更多的投入，使用过程中也将面临更高的风险，因而也更需要充分协调基因专利与相关权益之间的关系。一方面，基因不只是一个“物”，它带有生命潜能（life potential），而且更重要的是，它带有原本产生此基因者的基因信息（genetic information），〔2〕因而，在给予基因技术以知识产权保护的同时，也应保障基因提供者的权益，即采集基因时应征得基因所有人的同意并给予经济补偿，取得研究成果后基因提供者有权分享利益。〔3〕另一方面，基因技术的知识产权保护也意味着权利人对基因专利的垄断，使用者不得不支付高昂的费用来获得许可，加重了基因技术使用社会成本，在很多情况下会影响公共健康，因而，有必要对基因专利的保护范围进行严格限制，并适用构

〔1〕 相关论述，参见赵雷：《美国 2011 年专利法第一案 Myriad 案评——人类基因可专利性的再思考》，载《知识产权》2012 年第 6 期；曹丽荣：《从 Myriad 案谈基因专利的正当性及美国对基因专利授权实质性要件分析》，载《中国生物工程杂志》2013 年第 1 期；刘鑫：《试论人体基因的可专利性——Myriad 案之省思》，载《中国研究生》2016 年第 6 期；肇旭：《Myriad 案与基因专利的未来》，载《河北法学》2014 年第 1 期。

〔2〕 参见颜厥安：《鼠肝与虫臂的管制——法理学与生命伦理探究》，北京大学出版社 2006 年版，第 25 页。

〔3〕 相关论述，参见黄玉烨：《人类基因提供者利益分享的法律思考》，载《法商研究》2002 年第 6 期；尚志红：《人类基因提供者利益分享实现的构想》，载《法学杂志》2005 年第 2 期；郑丽娜：《人类基因提供者权利内容的确定》，载《河北理工大学学报（社会科学版）》2009 年第 4 期。

建基因专利池,[1]保证基因科创新业态下知识产权的高效行使。

基因科创新业态的发展对植物新品种制度也会带来较大的影响。随着转基因、基因改良技术的不断提高,新的植物品种不断涌现,植物新品种制度也应作出相应的应对。20 世纪 70 年代,在以“种子战争”(Seed Wars)为契机的《美国植物专利法》的基础上,《美国植物品种保护法》最早实现了对植物品种的专门知识产权保护。针对基因技术的发展,《国际植物新品种保护公约》在 1991 年修订中增加了“派生品种”(essentially derived variety)的概念,而我国 1997 年颁布的《植物新品种保护条例》是以《国际植物新品种保护公约》(1978 年)文本为蓝本而制定的,并未对与转基因植物品种等基因技术相关的植物品种给予明确保护。[2] 诚然,我国《植物新品种保护条例》曾于 2013 年、2014 年作出修订,但修改内容并未涉及基因技术相关的植物品种保护问题。因此,有必要进一步完善我国《植物新品种保护条例》,制定基因植物新品种的保护规则。

此外,在对基因科创新业态进行知识产权保护的过程中,需要特别注意伦理问题,尤其涉及人类基因的相关技术,伦理问题表现得更加突出,实践中必须以“以人为本”“与人为善”的伦理原则为基础,实现基因专利、基因植物新品种等基因领域的知识产

---

〔1〕 相关论述,参见周莳文、蒋风采等:《构建我国基因专利池的设想》,载《华南理工大学学报(社会科学版)》2012 年第 1 期;刘鑫:《TPP 背景下基因药品专利池之构建、管理与运行》,载《电子知识产权》2015 年第 11 期;王震:《基因专利与专利池》,载《研究与发展管理》2007 年第 4 期。

〔2〕 相关论述,参见陈超、展进涛:《转基因技术对我国植物新品种保护制度的挑战》,载《知识产权》2006 年第 6 期;唐海清:《转基因植物的品种权保护探析》,载《吉首大学学报(社会科学版)》2010 年第 3 期;王宇红:《转基因植物的知识产权保护模式探析》,载《西北大学学报(哲学社会科学版)》2008 年第 3 期。

权保护。[1]

(三)智能技术涌现与人工智能新业态的知识产权保护问题

人工智能技术是一项伟大的发明,它将改变甚至颠覆人类现存生产工作和交往方式,由此迎来一个以新的技术结构支撑新的社会结构的人类新时代。与此同时,人工智能也将对当下的法律规则和法律秩序带来一场前所未有的挑战,在民法、社会法等诸多法律部门中出现法律规范与智能革命不相适应的情况,如智能系统致害与侵权法之间的冲突、智能驾驶系统与交通法之间的冲突、机器"工人群体"与劳动法之间的冲突等诸多问题。[2] 在知识产权领域,人工智能新业态与现行法律规范之间的冲突则主要体现为人工智能生成物的知识产权法律保护问题。

人工智能的实质是"让机器从事需要人的智能工作",包括下棋、解题、从事数学发现、学习新的概念、解释视觉场景、诊断疾病、推理条件等。[3] 由此可见,文学艺术作品的创作、科学技术方案的创造也在人工智能生成物的范畴内。因而,也就由此衍生出了人工智能生成物的著作权保护问题与人工智能生成物的专利权保护问题。首先,在人工智能生成物的著作权保护方面,基于人工智能在文学艺术作品创作过程中的广泛运用,人工智能生成内容的著作权问题也表现得尤为突出。据美国"叙述科学"(Narrative Science)预测,未来15年将有90%的新闻稿件由机器人完成,大量的美术、音乐等艺术作品也将出自人工智能的创

[1] 参见刘鑫:《论专利伦理》,载《自然辩证法研究》2020年第12期。

[2] 参见吴汉东:《人工智能时代的制度安排与法律规制》,载《法律科学(西北政法大学学报)》2017年第5期。

[3] 参见於兴中:《当法律遇上人工智能》,载《法制日报》2016年3月28日,第7版。

作。[1] 根据人工智能“信息→知识→智能”的创作路径,[2]其生成内容的可版权性常常备受质疑。与此同时,基于人工智能民事主体资格上的缺失,其生成作品的著作权归属也往往存在争议。为回应人工智能技术发展对于著作权制度的挑战,学者纷纷对人工智能生成内容的可版权性及权利归属问题进行研究,认为应以相关内容的产生过程为基础,采用独创性判断的客观标准来衡量人工智能生成内容的可版权性,并参照职务作品或法人作品的相关规定,由人工智能的创制者或所有者享有并行使著作权。[3] 其次,在人工智能生成物的专利权保护方面,基于发明创造过程对于专利授权影响较小,专利法保护人工智能生成物的障碍比著作权法要少很多,其唯一的障碍在于申请时发明人的披露要求,但该要求既不是专利授权的条件,也不是专利无效的事由,并不影响人工智能生成物的可专利性。[4] 在具体判断人工智能生成方案是否能够获得专利时,要以人工智能的发展水平、普及程度与可适用性为基础,综合考虑人工智能的参与程度、运作方式、方案

---

〔1〕 参见杨延超:《机器人来了,法律准备好了吗?》,载《检察日报》2016年6月17日,第5版。

〔2〕 人工智能的创作过程,大抵以大量文本语料(信息)的数据为基础,通过快速阅读并形成表达意思的专题模板(知识),最后通过语言模型进行加工合成(智能)。参见吴军:《智能时代:大数据与智能革命如何改变世界》,中信出版集团股份有限公司2016年版,第314-315页。

〔3〕 相关论述,参见易继明:《人工智能创作物是作品吗?》,载《法律科学(西北政法大学学报)》2017年第5期;王迁:《论人工智能生成的内容在著作权法中的定性》,载《法律科学(西北政法大学学报)》2017年第5期;吴汉东:《人工智能时代的制度安排与法律规制》,载《法律科学(西北政法大学学报)》2017年第5期;熊琦:《人工智能生成内容的著作权认定》,载《知识产权》2017年第3期;刘影:《人工智能生成物的著作权法保护初探》,载《知识产权》2017年第9期。

〔4〕 参见梁志文:《论人工智能创造物的法律保护》,载《法律科学(西北政法大学学报)》2017年第5期。

的“三性”要求等因素进行判断。[1]

此外，为迎接人工智能时代的到来，在积极应对法律挑战的同时，应注重人工智能领域的知识产权布局，将人工智能政策上升到国家发展战略的层面，明确政府、社会以及企业的责任分工，并及时制定机器人伦理章程作为人工智能研发、应用的道德基础，实现政策推进、伦理指引与法律控制三者的协调发展，共同应对人工智能新业态发展的未来挑战。

三、研究框架

本书围绕新业态知识产权保护这一主题，以实证调研为基础、以理论建构为支撑、以务求实效为目标进行探讨，本书分六章予以展开：

第一章为导论，主要分别阐述研究背景、研究思路与研究框架。本章从新兴技术成果的法律规制难题所诱发的信息网络新业态、基因科创新业态与人工智能新业态着手，旨在阐明新业态知识产权保护法律问题的表现与成因。

第二章从理论层面论述新业态下知识产权的立法理念更新与制度功能转变。为实现新领域新业态知识产权保护机制的日臻完善，本章首先提出在知识产权制度框架内建立起以本土发展诉求为核心的主动性调整的立法理念，并积极推进知识产权制度本土化、战略化、现代化，以知识产权制度的与时俱进为新技术、新领域、新业态发展提供助力。在此基础上，要想实现新领域新业态知识产权保护的不断强化，还要对知识产权制度的创新激励功能展开市场竞争新业态的理论阐释，以市场主体对于竞争中最大幸福的功利主义追求作为知识产权制度的直接激励效果，并以

---

〔1〕 参见季冬梅：《人工智能发明成果对专利制度的挑战——以遗传编程为例》，载《知识产权》2017 年第 11 期。

市场主体竞争中的最大幸福为基础，实现知识产权制度“最大多数人最大幸福”的终极激励目标。

第三章主要研究数字网络新业态知识产权保护的法律难题及其破解方式。数字网络的应用与普及催生出了全新的数字网络新业态。从最初的 Web 1.0 到当前的 Web 4.0，网络信息传播的即时性与交互性与日俱增，诸多传统文化资源被转化为数字版本，并通过互联网开启了传统文化及其衍生产品在线传播的新业态，与此同时，文字作品在线创作、音乐作品在线传播层出不穷的新型应用形式，以及网络游戏、网络直播等新兴商业运营模式的不断涌现，带来了数字网络时代的发展新业态，相应地，突破现有制度框架的知识产权保护问题也随之而来。对此，我们必须以敏锐的时代洞察力提出具有前瞻性的知识产权制度优化举措，从而为适应数字网络时代新兴产业的发展提供现代化的知识产权制度产品。

第四章主要研究基因科创新业态知识产权保护的法律挑战及其克服路径。基因技术的飞速发展与应用推进基因技术的市场化发展与产业化运作，并开启了全新的基因科创新业态。基因数据作为新技术时代的一种新兴权利客体，涉及诸多法律问题。其中，基因数据库符合汇编作品的构成要件，是为著作权法所保护的客体，然而基因数据库又常涉及隐私内容，这也会造成了著作权与隐私权的冲突问题。近年来基因编辑技术的发展，使社会各界对基因编辑等技术相关新业态予以知识产权保护的非议四起。但是，不容否认的是，对于基因技术的专利保护是一种必然的趋势。我国作为世界最大的发展中国家，应从本土国情出发，以立法形式积极作出回应，作出符合我国发展需要的立法政策选择，并设置相应的运营机制以应对潜在风险。

第五章主要研究人工智能新业态知识产权保护的法律困境

及其应对举措。人工智能技术的飞速发展使人们日常的生产生活方式发生了颠覆性的改变,同时也带来了一系列全新的人工智能新业态。人工智能脱离人类控制与干预的自主性,是其与传统技术的根本区别所在,这一属性也给予了其代替人类独立进行智力创造的能力。由此,人工智能生成客体的知识产权认定问题便成为新业态下最为突出也最具挑战的知识产权保护难题。事实上,人工智能新业态所带来的知识产权法律问题并不仅仅局限于这些方面。科技剧烈变革引发的社会革新与制度挑战往往是全方位的,既会使现有的实践难题进一步加深,也会诱发新的社会问题与制度困境。在全新的人工智能新业态下,知识产权制度所面临的挑战,将不仅是当前权利客体扩张问题的持续深化,还有人工智能自主创新模式下的机器人能否成为权利主体,以及人工智能快速运算机制下的相关辅助工具的应用会如何影响知识产权制度实践等人工智能场景下的新问题。

第六章是结论,旨在归纳上述观点,梳理出新业态知识产权保护的具体法律对策。结合当前知识产权强国建设的战略要求,提炼我国新业态知识产权保护经验并进行国际化表达,积极探索我国新业态知识产权保护法律规则的国际化进路。

第二章 新业态下知识产权的立法理念更新与制度功能转变

面对大数据、云计算、基因编辑、人工智能等新兴科技成果的不断涌现与广泛应用所带来的科创研发新领域和市场运营新业态,知识产权制度应当与时俱进,对这些新技术、新领域、新业态下的知识产权保护新问题及时予以法律回应。科学技术的进步不仅深刻地改变着我们的生活,也影响着我们的行为以及态度,它带来一系列社会福利的同时,也引发了诸多的社会风险。[1] 作为科技研发与应用的重要保障机制,知识产权制度既是技术福利充分发挥的法律工具,也是技术风险不断凸显的制度载体。尤其是20世纪中叶以来,新兴技术犹如雨后春笋一般层出不穷,知识产权制度也因此面临巨大的变革压力。通常而言,一般性的制度滞后性问题通过法律修订或解释的方式即可克服,但新技术所引发的新领域、新业态知识产权保护问题却并不能通过简单的法律释义所能完全解决,甚至在很多时候其所需要的是一种制度架构与体系的彻底变革。这是因为新兴技术成果对应的挑战往往是突破性的、颠覆性的。如前所述,信息技术加持下网络传播方式

---

〔1〕 See Daniel Berdichevsky, Erik Neuenschwander, *Toward an Ethics of Persuasive Technology*, 42 Communications of the Acm 51 – 58 (1999).

所催生了新的用户生成内容的作品创作模式，既改变了人们对著作权的传统认知，也引发了如何对网络传输新业态展开知识产权保护的新问题；基因编辑等生物技术的应用化发展，使蕴含生物功能的基因成果的知识产权保护问题进入人们的视野，并带来了基因科创新业态下的知识产权法律挑战；具备自主工作能力的人工智能的出现，使人工智能生成物的知识产权保护成为全新的争议焦点，并给知识产权制度主、客体框架带来巨大的冲击。因此，为有效化解各种新业态下知识产权保护的法律问题，有必要在对网络传输新业态、基因科创新业态、人工智能新业态等不同领域具体知识产权保护问题展开具体分析之前，厘清新业态知识产权保护法律规则构建与完善的基本价值立场，既应明确新业态知识产权立法的基本理念，还应理顺新业态知识产权制度的功能定位，从而为网络传输新业态下知识产权保护法律难题的破解、基因科创新业态下知识产权保护法律挑战的克服，以及人工智能新业态下知识产权保护法律困境的应对提供原则性的价值指引。

第一节　基于本土诉求主动调整的新业态知识产权立法理念

知识产权制度肇始于资本主义商品经济的蓬勃发展。据考证，知识财产概念最早出现在 12 世纪或 13 世纪。[1] 在中世纪的欧洲，重商主义的经济发展理念为产业和贸易提供助力的同时，激发了资产阶级制造使用先进技术或机器以提升生产效率的变

〔1〕 See Pamela O. Long, *Invention*, *Authorship*, *Intellectual Property and the Origin of Patents*: *Notes toward a Conceptual History*, 32 Technology and Culture 846 (1991).

革活力,授予创新者排他特权,即知识财产权的做法也由此产生。[1] 19世纪中期以后,著作权法、专利法、商标法等各项知识产权法律制度相继形成,并逐步发展成为一种独立的、受到广泛承认的法律部门。[2] 进入20世纪,科学技术和国际经贸的飞速发展使整个世界进入了新的知识经济时代,知识产权制度面临着空前的挑战,世界各国也纷纷开启知识产权法的制度完善。[3]

我国的知识产权法发轫于清末的变法新政,但囿于当时半封建半殖民地社会形态的制约,各项知识产权法律规范只是"徒有其表",并未获得有效实施。直到中华人民共和国成立,尤其是改革开放以来,知识产权法律制度才真正在我国得以确立,并逐步成为科技创新的法律保障和经济发展的制度支撑。如今,随着大数据、云计算、基因编辑、人工智能等新兴科技成果的广泛应用,我国经济社会发展形态发生了深刻变化,形成了以新兴技术与创新产业深度融合为表征的新领域和新业态,一系列与之相关的知识产权保护新问题也应运而生。鉴于此,为明确新业态下我国知识产权立法的基本价值理念与立场,有必要从我国知识产权制度的演进历程出发,通过对我国知识产权制度运行经验的归纳总结,提炼出我国知识产权制度持续发展的本土法律根基与价值选择,从而为新业态发展过程中的知识产权制度创新提供原则指引与路径选择。

---

〔1〕 See P. J. Federico, *Origin and Early History of Patents*, 11 Journal of the Patent Office Society 292 (1929).

〔2〕 参见[澳]布拉德·谢尔曼、[英]莱昂内尔·本特利:《现代知识产权法的演进:英国的历程(1760—1911)》,金海军译,北京大学出版社2012年版,第113－114页。

〔3〕 参见吴汉东:《知识产权基本问题研究(总论)》(第2版),中国人民大学出版社2009年版,第74页。

一、从被动接受到主动调整的知识产权制度演进历程

在我国，知识产权法作为一项“舶来品”，自清末变法新政被引入以来，已逾百年，经历了从“逼我所用”到“为我所用”的立法变迁。[1] 回顾我国知识产权法的百年发展史，可以将我国知识产权制度从被动接受到主动调整的演进历程大体分为三个阶段：一是我国知识产权法律规范的初步创设阶段；二是我国知识产权法律框架的逐步形成阶段；三是我国知识产权法律体系的日趋完善阶段。下文将分述之。

（一）我国知识产权法律规范的初步创设阶段

这一阶段始于 19 世纪末帝国主义列强重压之下的清末新政，止于 20 世纪中叶中华人民共和国成立前夕。在这一阶段中，各项知识产权法律规范先后在我国产生并获得一定的发展，但无论是清朝末年的知识产权立法活动，还是民国时期的知识产权法律完善，都是对知识产权法律规范的被动接受，脱离实际地生搬硬套西方国家的知识产权法律，更多地保护了帝国主义的利益，并未起到知识产权法应有的作用。[2]

清朝末年是我国知识产权法产生的时期。在“戊戌变法”等一系列以向西方学习为宗旨的清政府新政实施过程中，《振兴工艺给奖章程》《商标注册试办章程》《大清著作权律》相继于 1898 年、1904 年、1910 年颁布，实现了我国知识产权法“从无到有”的历史性突破。但是，在这一时期，各项知识产权法律在我国的诞

---

〔1〕 参见吴汉东：《中国知识产权法制建设的评价与反思》，载《中国法学》2009 年第 1 期。

〔2〕 相关论述，参见南振兴：《中国历史技术演变与知识产品制度变迁的绩效》，载《河北经贸大学学报》2007 年第 1 期；李永胜：《清末中外修约谈判中的知识产权保护问题》，载《大连大学学报》2012 年第 4 期。

生，并非我国经济社会发展的客观需要，而是帝国主义列强施加压力的结果。例如，1904 年《商标注册试办章程》的制定，在很大程度上是回应 1902 年签订的《中英续议通商行船条约》中的商标保护条款，而不是本土工商业发展之必需。[1]

民国时期，我国知识产权法获得初步发展，并逐步形成了我国近代知识产权法的基本架构。进而言之，这一时期又可以细分为北洋政府时期和南京国民政府时期两个阶段，每一个阶段知识产权法律规范的发展呈现出不同的特点。在北洋政府时期，知识产权立法工作仍然受到了帝国主义列强的干预与影响，各项知识产权法律规范大多是基于外部压力而仓促出台。相关法律规范在借鉴清末的立法成果的同时，也作出了一定的改进与提高。具言之，1912 年颁布的《奖励工艺品暂行章程》、1915 年颁布的《著作权法》以及 1923 年颁布的《商标法》，无一例外是以清末的相关知识产权法律规范为基础而制定的，并根据社会经济发展的情况进行了调整与完善。在南京国民政府时期，知识产权立法工作逐步进入正轨，通过一系列的法律修订，各项知识产权法律规范走向成熟。为促进工业经济的发展，南京国民政府于 1928 年颁布《奖励工业品暂行条例》，并于 1932 年和 1939 年作出了两次修订，构建起现代“专利法”的雏形，为 1944 年《专利法》的出台奠定了基础；[2] 保护文学艺术创作的《著作权法》也于 1928 年制定，并分别于 1944 年和 1949 年作出了部分修改，使各项规则、程序更加完善；南京国民政府成立初期，一度继续援用北洋政府的 1923 年《商标法》，于 1930 年才制定并颁布了新的《商标法》，在民间工

---

〔1〕 参见左旭初：《中国商标法律史（近现代部分）》，知识产权出版社 2005 年版，第 30 页。

〔2〕 参见许海燕：《中国近现代专利制度研究（1859～1949）》，知识产权出版社 2010 年版，第 143－180 页。

商业者的要求下，该法分别1935年和1940年作出了两次修改。[1]《专利法》《著作权法》《商标法》三项基本知识产权法律规范的制定与完善，构建起了我国近代知识产权法的基本框架，但是由于社会动荡不安，经济发展缓慢，各项知识产权法律规范并未获得充分的实施，制度运行效果也不尽如人意。

（二）我国知识产权法律框架的逐步形成阶段

这一阶段以1949年中华人民共和国的成立为起点，并以20世纪90年代知识产权法律框架的建立为标志。在这一阶段中，我国知识产权法经历了从中华人民共和国成立初期的缓慢发展，到改革开放以来各项法规的日臻完善的制度变迁。作为我国经济社会发展的重要转折点的改革开放，对我国知识产权法的发展具有举足轻重的作用。改革开放不仅改变了中华人民共和国成立初期知识产权法不良的运行状况，也使我国走上从本土国情出发，对知识产权法律规范进行调整性适用的道路，为知识产权法的体系化建构奠定了基础。

中华人民共和国成立初期，由于长期的战争影响，各行各业百废待兴，社会转型稳步进行，但是法制建设却相对滞后，与知识产权相关的法律规范仅有寥寥几部。1950年颁行的《书稿报酬暂行办法草案》是为数不多的涉及著作权保护的法律文件，该办法通过"定期报酬"和"定量报酬"两种方式来保障书刊作者的稿酬获取权。[2] 1950年颁布的《保障发明权与专利权暂行条例》是1949年后第一部涉及专利制度的法律规范，采用了苏联模式，设

---

〔1〕 参见曲三强主编：《现代知识产权法律法规汇编》（第2版），北京大学出版社2014年版，第205－207页。

〔2〕 参见陈伟军：《著书不为稻粱谋——"十七年"稿酬制度的流变与作家的生存方式》，载《社会科学战线》2006年第1期。

立专利和奖励双轨制的发明创造保护机制。[1] 1963 年,随着《发明奖励条例》的出台,发明创造的专利保护不再存在,仅剩发明奖励一种保护模式。1950 年颁布的《商标注册暂行条例》是 1949 年后第一部保护商标权的法律规范,其规定了保护商标专用权的原则,实行全国商标统一注册制度;1963 年颁布的《商标管理条例》则把商标工作重点从保护商标专用权转移到监督商品质量上来,废止商标审定程序,回避了商标权利及其法律保护。[2]

20 世纪 80 至 90 年代,我国改革开放的基本国策初步启动。为适用经济社会的发展需要,1982 年,我国率先制定并颁布了《商标法》,该法将保护注册商标专用权放在首位,注重商标管理以监督产品质量,对商标申请、审查和注册的相关程序作出明确规定。[3] 随后,我国于 1984 年颁布了《专利法》,构建起既符合我国需要也合乎国际惯例的专利制度,为我国以专利制度为基础开展国际经济交流创造了条件。[4] 我国的著作权立法工作也于这一时期开始。由于最初草案争议较大,《著作权法》经过 11 年的广泛征求意见才最终于 1990 年颁布,其就著作权的保护作出了较为详尽的规定。[5] 随着我国改革的不断深化、开放的不断扩大,我国于 1992 年初步建立起了社会主义市场经济体制,这也促使我国《专利法》和《商标法》分别于 1992 年和 1993 年作出了第一次修改,各项规定更加健全、更加完善。与此同时,为保障社会

---

〔1〕 参见冯晓青、刘成军:《我国保护发明创造立法和政策文献分析——从〈振兴工艺给奖章程〉到〈中华人民共和国专利法〉》,载《南都学坛》2013 年第 1 期。

〔2〕 参见刘佩智:《中国商标法制的建立和完善》,载《中国工商管理研究》1999 年第 10 期。

〔3〕 参见邓正来、袁成弟:《新商标法初探》,载《法学杂志》1983 年第 4 期。

〔4〕 参见吴汉东:《中国专利法的发展道路:现代化、国际化与战略化——在中国专利法颁布 30 周年座谈会上的发言》,载《知识产权》2014 年第 3 期。

〔5〕 参见顾昂然:《新中国第一部著作权法概述》,载《中国法学》1990 年第 1 期。

主义市场经济健康发展,我国《反不正当竞争法》也于 1993 年正式出台。至此,我国已完整勾勒出了知识产权法的基本框架。[1]

(三)我国知识产权法律体系的日趋完善阶段

这一阶段从 2001 年我国正式成为世界贸易组织成员开始。在这一阶段,我国知识产权法的国际化程度不断提升,实现了本土法律与国际规则的互相契合,并通过各项法律规范的"主动性安排",构建起了相对完善的知识产权法律体系。

20 世纪末,为融入世界经济贸易体系,我国各项知识产权法律规范纷纷作出修订。截至 2001 年我国正式成为世界贸易组织成员,《专利法》《著作权法》《商标法》等多项知识产权法律法规已作出修改。其中,《专利法》增加了有关许诺销售、诉前临时措施、侵权赔偿额计算的规定,并重新界定职务发明范畴、明确职务发明奖酬,简化了专利审批和维权的程序;[2]《著作权法》不仅扩大了著作权保护的客体保护范围,增设了著作财产权权项,还缩小了合理使用的范围,增加了教科书法定许可的规定,明确了版权集体管理机构的法律地位;[3]《商标法》则扩大了申请商标的主体范围、增加了商标保护的客体范围,强化了对驰名商标的保护,增设了恶意抢注的相关规定,并加大了侵权处罚力度。[4] 此外,《植物新品种保护条例》《集成电路布图设计保护条例》《地理标志产品保护规定》等其他知识产权法律法规也分别于 1997 年、

[1] 参见吴汉东、刘鑫:《改革开放四十年的中国知识产权法》,载《山东大学学报(哲学社会科学版)》2018 年第 3 期。

[2] 参见文希凯:《中国专利法的第二次修改介绍》,载《知识产权》2000 年第 5 期。

[3] 参见刘波林:《关于按 TRIPS 协定的要求改进我国著作权制度的建议》,载《知识产权》2001 年第 3 期。

[4] 参见李顺德:《差距在缩小——TRIPs 与我国商标法修改》,载《国际贸易》2001 年第 4 期。

2001 年、2005 年出台。至此，我国初步构建了知识产权法律体系。

进入 21 世纪，随着我国知识产权法律国际化水平进一步加强，尤其是 2008 年《国家知识产权战略纲要》实施以来，知识产权更是上升到国家战略的高度。[1] 为推进创新驱动发展，我国《专利法》《著作权法》《商标法》分别于 2008 年、2010 年、2013 年再次作出修改，为创新型国家建设提供法律支持。例如：修改后的《专利法》提高了对侵犯专利权行为的处罚力度，加大了意思自治的适用范围，增加了对遗传资源利用的专门规定，增设了专利强制许可制度；[2] 修改后的《著作权法》增设了著作权出质登记的规定，并改变原有“依法禁止出版、传播的作品，不受著作权法保护”的做法，规定违禁作品享有一定的著作权，但其著作权的行使应受到严格限制；[3] 修改后的《商标法》通过将“声音”纳入保护客体范畴，明确了“一标多类”申请方式，完善了商标注册异议制度，加强对驰名商标与未注册商标的保护。[4]

近年来，随着新兴科技成果的不断涌现，我国经济社会中出现了一系列的科创研发新领域和市场运营新业态。作为创新发展的重要制度保障，知识产权法律无疑应当与时俱进，以必要的制度创新对新技术、新领域、新业态作出立法回应。为此，我国《商标法》《著作权法》《专利法》《反不正当竞争法》分别进行了新一轮修改，我国知识产权法律体系更为完善、成熟，为新技术、新

---

〔1〕 参见国务院《关于印发国家知识产权战略纲要的通知》（国发〔2008〕第 18 号）。

〔2〕 参见郭禾：《创新是社会进步的根本动力——〈专利法〉第三次修订评述》，载《电子知识产权》2009 年第 3 期。

〔3〕 参见丛立先：《违禁作品著作权问题辨析——兼评我国〈著作权法〉第 4 条的修改》，载《法学》2011 年第 2 期。

〔4〕 参见吴汉东、王超政：《中国发展大局中的商标法修改》，载《中国工商管理研究》2013 年第 2 期。

领域、新业态的持续发展提供了有力的制度保障。与此同时，在知识产权政策层面，我国于2015年发布《关于新形势下加快知识产权强国建设的若干意见》，使我国知识产权战略运行进入了新的阶段，彰显出法律制度对知识产权强国建设的重要推动与关键保障。[1] 因此，可以说，面对新技术、新领域、新业态的知识产权制度挑战，我国不仅从法律规则层面积极作出回应，在公共政策层面上也充分发挥了知识产权法的政策工具作用，持续推进了国家知识产权战略的实施，为实现我国从“知识产权大国”向“知识产权强国”的转变作出了巨大努力。[2]

二、新业态知识产权制度立足本土的一体化发展路径

随着国家治理现代化的持续深入和知识产权国际化的不断加强，新业态知识产权制度在立足本土发展诉求的基础上，逐步呈现一体化的制度走向与发展趋势。面对新技术、新领域、新业态带来的知识产权制度挑战，一体化的发展路径既是国际立法的变革潮流，更是当下中国的必然选择。具体来说，在我国新业态知识产权立法持续推进的背景下，制度一体化的发展路径主要体现在新业态知识产权行政管理的一体化和新业态知识产权司法审判的一体化两个方面，下文将分述之。

（一）新业态知识产权行政管理的一体化

在行政管理层面，新业态知识产权制度呈现出由分散管理向集中管理转变的一体化发展方向。长期以来，我国知识产权行政

---

〔1〕 参见国务院《关于新形势下加快知识产权强国建设的若干意见》（国发〔2015〕71号）。

〔2〕 相关论述，参见申长雨主编：《迈向知识产权强国之路——知识产权强国建设基本问题研究》（第1辑），知识产权出版社2016年版；申长雨主编：《迈向知识产权强国之路——知识产权强国建设实施问题研究》（第2辑），知识产权出版社2017年版。

管理的机构设置采用“多元”“多层次”的分散管理模式，导致各个知识产权行政管理部门之间普遍存在职能交叉、权限不明等现象，严重影响了行政执法效能。[1] 这种局面的产生，在一定程度上是由于改革开放之初我国《商标法》《专利法》《著作权法》等知识产权法律规范的制定都是分别进行的，并未充分考虑各项知识产权之间行政管理的协调性问题。随着《植物新品种保护条例》《地理标志产品保护规定》《集成电路布图设计保护条例》等知识产权法规的颁布，知识产权行政管理机构进一步增加，行政管理分散、多头的局面也愈演愈烈。在中央层面，专利权、商标权、集成电路布图设计权和地理标志权由国家知识产权局管理，著作权由国家版权局管理，植物新品种权由原农业部（现农业农村部）和原国家林业局（现国家林业和草原局）植物新品种办公室管理。[2] 在地方层面，知识产权行政管理机构一般分为省级、市级和县级三个层次，在每一层次中各项知识产权的行政管理职能也分别由不同机构所掌控。[3] 诚然，分散性的知识产权行政管理可以根据各项知识产权的不同特性，提供具有针对性的行政管理模式。但是，基于专利权、商标权、著作权等知识产权所具有的客体非物质性的共性，忽视知识产权共性的分散管理往往是低效的，存在管理多头、职能交叉等诸多问题，会增加知识产权行政管理的负担与成本，给社会公众带来麻烦与困惑。尤其是在当前新技术、新领域、新业态不断涌现、持续发展的背景下，知识产权行政

---

[1] 参见武善学：《健全中国特色知识产权行政管理和执法体制》，载《法学杂志》2010 年第 4 期。

[2] 参见陈明媛：《论市场经济环境下知识产权行政管理部门的职能转变》，载《知识产权》2015 年第 1 期。

[3] 参见冯晓青、邵冲：《中国知识产权行政管理及市场规制的完善研究》，载《中国市场》2012 年第 20 期。

管理体系化的不足，无疑会成为我国知识产权强国建设过程中的阻碍。鉴于此，有必要进行知识产权行政管理体制改革，积极推行知识产权集中管理、综合管理，实现知识产权行政管理的一体化。

知识产权集中管理，是我国实现新业态知识产权行政管理一体化的重点举措与必然选择。知识产权行政管理的集中化，能够有效发挥体系化的说服价值和普及价值，降低知识产权行政管理的成本与负担、保证各项知识产权实施标准的统一。针对我国目前知识产权行政管理分散、失衡的局面，学者普遍认为，我国应当借鉴美国、日本、英国等国的知识产权行政管理经验，[1]积极推进知识产权集中管理、综合管理，将专利、商标、著作权、地理标志、植物新品种等集中，构建集中统一的知识产权行政管理体制。[2]近年来，我国不少地方知识产权管理机构都在进行集中管理的改革试点和试验。例如，2009 年，深圳市成立了市场监督管理局，将工商、质监、知识产权的职能划入，实现专利、商标、版权管理"三合一"。[3] 2014 年，上海浦东以综合配套改革试点为契机，率先探索建立了专利、商标、版权"三合一"知识产权行政管理模式，新组建的浦东新区知识产权局成为全国首家单独设立的集专利、商标、版权行政管理和综合执法职能于一体的知识产权事务行政管

---

〔1〕 美国、日本采取的是相对集中的"二合一"知识产权行政管理模式。美国专利与商标的行政管理事务由专利商标局负责，版权行政管理事务由隶属于国会图书馆的版权办公室负责；日本专利与商标的行政管理事务由特许厅负责，版权行政管理事务由文化厅负责。英国采取的则是"三合一"的知识产权行政管理模式，版权、专利、商标等知识产权行政管理事务均由专利局负责。

〔2〕 相关论述，参见吴汉东：《知识产权综合管理改革与治理体系现代化》，载《学习时报》2017 年 2 月 27 日，第 1 版；易继明：《国家治理现代化进程中的知识产权体制改革》，载《法商研究》2017 年第 1 期。

〔3〕 参见王淇：《地方知识产权管理体制改革合法性研究》，载《科技促进发展》2016 年第 4 期。

理机构,对上海乃至全国知识产权工作发展产生示范效应、积极影响。[1] 2015 年,湖南省长沙市在 2010 年开始的专利与著作权"二合一"管理模式基础上,将商标权行政管理职责划转知识产权局,形成专利、商标、著作权"三合一"的集中统一的知识产权行政管理体制,打破了知识产权长期存在的职能分散、多头管理、权责交叉的体制壁垒。[2] 各地知识产权集中管理的试验,无疑能为我国知识产权行政管理机制改革提供借鉴,为构建起符合新业态发展需要的知识产权集中管理体制提供参考,使知识产权保护与服务的现代理念充分彰显。

(二)新业态知识产权司法审判的一体化

在司法审判层面上,新业态知识产权制度呈现出由普通管辖向专门管辖转变的一体化发展方向。长期以来,我国知识产权司法审判由各级人民法院的知识产权庭负责,经过数十年的探索与试验,我国已经建立了具有中国特色、相对完善的知识产权司法审判的普通管辖体系,最高人民法院、各高级人民法院以及部分中级人民法院和一些基层人民法院都设立了专门从事知识产权审判的知识产权庭。[3] 在这一体系中,知识产权合同纠纷、知识产权侵害纠纷等知识产权民事纠纷,以及知识产权行政确权案件与大部分民事、行政纠纷相同,都采用了普通管辖模式。但是,考虑到知识产权案件的复杂性与技术性,知识产权案件的管辖法院

---

〔1〕 参见叶宗雄、丁海涛、许春明:《上海浦东知识产权综合行政管理体制探索与实践》,载《中国发明与专利》2015 年第 3 期。

〔2〕 参见易继明:《"三合一"知识产权行政管理体制》,载《科技与法律》2015 年第 3 期。

〔3〕 1993 年,北京高、中级人民法院最早成立知识产权审判庭;上海市浦东新区人民法院于 1994 年在全国基层法院中建立首家知识产权庭,并于 1996 年 1 月首先试行"三审合一"审判模式,即"浦东模式"。参见袁秀挺:《中国知识产权法院的愿景及其实现路径》,载《科技与法律》2015 年第 1 期。

在级别上要高于普通民事、行政案件。根据最高人民法院的相关规定,专利、商标、著作权、反不正当竞争民事纠纷案件一般由中级以上人民法院管辖。专利、商标等行政确权案件,一、二审一般由北京市有关中级人民法院、北京市高级人民法院和最高人民法院知识产权审判庭审理。[1] 对知识产权案件管辖法院的级别进行特别规定,无疑是保证知识产权审判专业水准、实现知识产权司法公平公正的重要手段。然而,随着我国新技术、新领域、新业态的不断涌现,创新驱动发展的持续深入,知识产权战略的持续推进,知识产权案件的数量不断增多,复杂程度也不断加大,知识产权案件管辖专门化需求日益强烈。随着知识产权法院、法庭的相继建立,我国知识产权案件专门管辖的试验与探索稳步推进,知识产权司法审判呈现出从普通管辖向专门管辖发展的一体化趋势。

我国知识产权司法审判的专门管辖体系,是司法体制、机制改革的重要探索,也是新业态下知识产权司法审判的一体化的进一步发展。2014 年,北京、上海、广州相继成立知识产权法院,标志着我国开启了知识产权司法审判的专门化进程。[2] 经过 3 年多探索与实践,逐步形成知识产权法院集中审理专利、商标行政确权案件(由北京知识产权法院管辖)和诸如专利、植物新品种、技术秘密、布图设计等技术类民事案件。除上述案件实行专属管辖外,其他案件仍由普通法院管辖,即对知识产权案件实行专属管辖为主,专属管辖与普通管辖相结合的模式。在此基础上,2017 年最高人民法院分别于南京市、苏州市、武汉市、成都市、杭

〔1〕 参见最高人民法院《关于专利、商标等授权确权类知识产权行政案件审理分工的规定》第 1 条。

〔2〕 参见第十二届全国人大常委会第十次会议:《关于在北京、上海、广州设立知识产权法院的决定》(2014 年 8 月)。

州市、宁波市、合肥市、福州市、济南市、青岛市中级人民法院内设专门审判机构并跨区域管辖部分知识产权案件。〔1〕 然而，上述城市并未建立专门的知识产权法院，跨行政区域管辖只是对普通法院中知识产权审判庭管辖权限的扩大。因此，未来应当进一步深入推进知识产权跨行政区域管辖的改革，着力推进知识产权审判机构的专门化、审判人员的专职化、审判工作的专业化。〔2〕 首先，以知识产权法院、法庭的专属管辖的职能为核心，推进知识产权审判机构的专门化，逐步实现从知识产权法院与知识产权法庭共存的状态向知识产权法院专门管辖的转变，并借鉴美国联邦巡回上诉法院的经验、欧洲统一专利法院、德国联邦专利法院、日本知识产权高等法院等知识产权上诉法院的经验，适时设立一个相当于高级人民法院的知识产权上诉法院。〔3〕 其次，以审判人员专业素养和水平的提升为重点，确保知识产权审判人员的专职化，并以法官员额制改革为契机，从知识产权法官的人额和司职的角度进一步强化知识产权审判人员的专职化。〔4〕 最后，以专家证人制

---

〔1〕 参见《关于同意南京市、苏州市、武汉市、成都市中级人民法院内设专门审判机构并跨区域管辖部分知识产权案件的批复》（2017 年 1 月）；《关于同意杭州市、宁波市、合肥市、福州市、济南市、青岛市中级人民法院内设专门审判机构并跨区域管辖部分知识产权案件的批复》（2017 年 8 月）。

〔2〕 参见吴汉东：《中国知识产权法院建设：试点样本与基本走向》，载《法律适用》2015 年第 10 期。（该文以“审判机构专门化、审判人员专职化和审判工作专业化”为题，对知识产权法院司法改革经验进行了理论概括和学术解读。该观点为第十二届全国人大常委会第二十九次会议上的《最高人民法院关于知识产权法院工作情况的报告》所采用）。

〔3〕 相关论述，参见刘银良：《我国知识产权法院设置问题论证》，载《知识产权》2015 年第 3 期；张广良：《知识产权法院制度设计的本土化思维》，载《法学家》2014 年第 6 期。

〔4〕 有关知识产权法院人员分类制和法官定额制、遴选制的司法改革情况，参见北京知识产权法院课题组、陈锦川、刘仁婧：《关于审判权运行机制改革的思考与探索——以北京知识产权法院为分析样本》，载《法律适用》2015 年第 10 期；林广海：《广州故事：知识产权法院多棱镜》，载《法律适用》2015 年第 10 期。

度、技术调查官制度、司法判例制度等为基础，实现知识产权审判工作的专业化，如北京创立司法判例指导制度、上海构建“四位一体”技术事实调查认定体系、广州完善技术调查官司法辅助机制等，其都是探索审判工作专业化的有益经验。[1]

第二节 基于市场竞争激励创新的新业态知识产权制度功能

随着新兴技术成果商业化、产业化程度的不断提升，一系列与之相关市场竞争新业态应运而生，相应地，知识产权制度也不再仅仅是保护发明创造成果的法律机制，更是激励社会创新投入的一种市场驱动力。[2] 为了实现对新技术、新领域、新业态的充分知识产权保护，在促进“最大多数人的最大幸福”的功利主义价值内核下，知识产权制度的激励功能也势必呈现出从个体研发激励到市场竞争激励的转变。之所以要调整知识产权制度的功能定位，是因为知识产权制度传统的个体研发激励在技术领域和创新环境上所存在的缺陷及其与市场竞争新业态发展需要的不相契合性。当然，也必须承认的是，以市场竞争为基础的知识产权创新激励虽然可以充分适应新技术、新领域、新业态的发展诉求，但也存在市场失灵的潜在风险，须以必要的制度设计加以控制，从而保证市场竞争新业态知识产权制度激励创新功能的充分发挥，为新业态的有序健康发展提供有效助力。

---

〔1〕 参见朱理：《我国知识产权法院诉讼制度革新：评价与展望》，载《法律适用》2015年第10期。

〔2〕 See Robert P. Merges, Peter S. Menell, Mark A. Lemley, *Intellectual Property in the New Technological Age*, 6th edition, Aspen Publishers, 2012, p. 131.

一、知识产权制度创新激励原理的基础效果及其缺陷

创新激励原理是知识产权制度的重要理论基础，其将知识产权制度激励创造与投资所形成的对于科技进步、社会繁荣的积极效应作为知识产权制度正当性的证成依据。[1] 基于法律教义在本质上有益于社会福利的功利主义规范立场，[2]创新激励原理在当下各国的知识产权制度设计与运行中往往被作为主导性的理论基础。这一点在美国知识产权法律制度实践中表现得尤为突出，如美国总统亚伯拉罕·林肯就曾针对专利制度作出“给天才之火添加利益之油”的经典论断。[3] 《美国宪法》对于知识产权制度“促进科学与实用技艺的发展”的正当性宣示无疑也是对创新激励原理的一种遵循与坚守。[4] 然而，理论应用的广泛性却并不能将该原理的问题与缺漏遮蔽，知识产权制度在实际适用中常常会产生激励效果不佳的问题。由此，为厘清知识产权制度创新激励原理的基础效果及其所存在的缺陷，有必要对其证成知识产权制度正当性具体进路予以详细梳理，力求挖掘出知识产权制度创新激励的基本理论内核，从而为克服创新激励原理的实践缺陷，以及市场竞争新业态下知识产权制度激励功能的重构提供理论层面的必要保障与关键支撑。

（一）创新激励原理对知识产权制度正当性的证成

知识产权制度的创新激励原理，顾名思义，其核心内容即在

---

〔1〕 参见彭立静：《伦理视野中的知识产权》，知识产权出版社 2010 年版，第 92－93 页。

〔2〕 参见桑本谦：《法律教义是怎样产生的——基于后果主义视角的分析》，载《法学家》2019 年第 4 期。

〔3〕 参见［美］Martin J. Adelman, Randall R. Rader, Gordon P. Klancnik：《美国专利法》，郑胜利、刘江彬译，知识产权出版社 2011 年版，第 6 页。

〔4〕 参见《美国宪法》第 1 条第 8 款第 8 项之规定。

于“激励”。[1] 以排他性财产权的授予激励全社会对于创新活动的投入，其中既包含对创新者智力投入的激励，也涉及对投资者物质投入的激励，并以对创新活动的激励实现科技进步、社会发展等功利主义理念下“最大多数人的最大幸福”的终极目标。[2] 由此，根据创新激励原理的逻辑展开，即可按照激励目标的“远”与“近”将其对知识产权制度正当性的证成框架划分为两个层面，如图2－1所示，一个层面是知识产权制度创新激励原理的直接激励目标，即以知识产权的赋权激励社会成员对于创新活动的智力投入与物质投入实现知识产权人及利益相关人的最大幸福；另一个层面则是知识产权制度创新激励原理的终极激励目标，即以对创新活动的智力投入激励与物质投入激励来促进技术革新、推进科技进步，并最终归结到社会福利的最大化，实现功利主义理念所追求的“最大多数人的最大幸福”。[3]

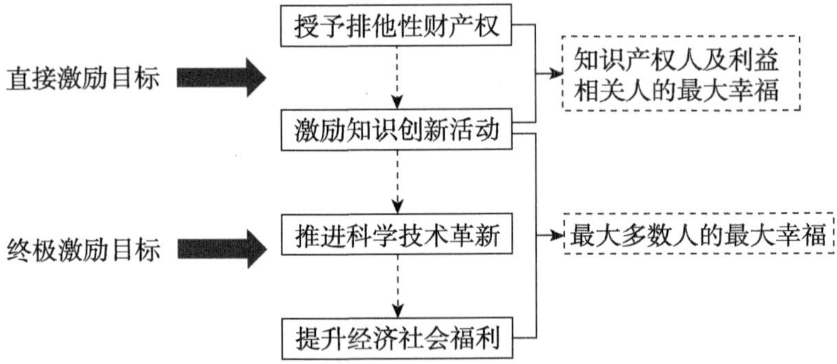

图2－1 创新激励原理证成知识产权制度正当性的逻辑框架

---

〔1〕 See Dan M. Kahan, *Social Influence, Social Meaning, and Deterrence*, 83 Virginia Law Review 349 (1997).

〔2〕 参见［英］约翰·穆勒：《功利主义》，徐大建译，商务印书馆2014年版，第14－15页。

〔3〕 参见胡波：《专利法的伦理基础》，华中科技大学出版社2011年版，第67页。

1. 知识产权制度正当性证成中的直接激励目标

创新激励原理在对知识产权制度正当性进行证成的过程中，所需论证的核心问题即为授予私人知识财产权的正当性，而权利对私人进行创新活动的激励效应被作为学说成立的论据，因而这一过程中的直接激励目标也就是对创新者、投资者等创新活动重要参与主体获取知识产权诉求的满足，从而达到对社会创新投入的激励效应。从人的能动创造力来看，发展奋斗与惰性两方面的倾向，在个人生活和社会生活中都是固有的，即积极性往往为惰性所抵消，能动的创造力则会因使人意志退化的懒惰而消失，生产力也会因懒散而丧失。[1] 但缺失经济回报激励的发展奋斗对社会大众来说，往往是不情愿、不开心的，而只有到财产被用来去激励工作，并将回报转化为权利，人们能动的创造力才能得以充分的发挥。[2] 具体到知识产权制度也是一样，没有知识财产权作为保证，创新者、投资者将不能以合法的排他权利实现对智力成果的独占，相应的经济利益也无法获得知识产权制度的有力保障。在此，不妨做一个假设，如果智力创造不专属于其生产者，而由其他人平等地享有，那么，对于其他人无偿分享成果的要求，生产者也没有拒绝的理由，如此一来，作为生产者的创新者、投资者也就不免会丧失继续进行创造的动机。[3] 这是因为在赋予创新者或投资者以知识产权以前，智力成果对于他们而言并没有什么特别的意义，只有给予他们以一个合理、确定的经济回报，才能使

〔1〕 参见[美]E. 博登海默：《法理学：法律哲学与法律方法》，邓正来译，中国政法大学出版社 2004 年版，第 407 页。

〔2〕 See Justin Hughes, *The Philosophy of Intellectual Property*, 77 Georgetown Law Journal 287, 303 (1988).

〔3〕 See Tom G. Palmer, *Are Patents and Copyrights Morally Justified — The Philosophy of Property Rights and Ideal Objects*, 13 Harvard Journal of Law & Public Policy 817, 822 (1990).

创新者与投资者更多地参与创造活动，从而涌现出更多、更好的知识产品。[1] 也正如亚伯拉罕·林肯对于专利制度的颂扬，其通过提供必要的"利益之油"，激发了创造性劳动——也就是是"天才之火"。[2] 因此，可以说，创新激励原理对于创新者、投资者等创造活动参与主体授予知识财产权的直接激励，不仅是确保知识产权人及利益相关人的最大幸福的有效方式，也是知识产权制度正当性证成的关键步骤。

2. 知识产权制度正当性证成中的终极激励目标

创新激励原理在知识产权制度正当性证成中所要达到的终极激励目标与直接激励目标不同，其并不仅仅局限于对创新者、投资者等创造活动参与主体的权利激励，而是着眼于整个社会，试图以知识财产权的授予为根据，以对于创新者、投资者直接激励效果为基础，实现科学技术的进步乃至社会福利的提升，彰显"最大多数人最大幸福"的功利主义愿景。一般而言，法律制度最终目的的全体最大的幸福往往可以被归结为两大价值追求，即自由与平等。[3] 在普遍的道德体系下，自由与平等并不是两种相互独立的伦理价值，而是同一理想或目标的两个方面。人们既借助于自由来定义平等，又在一个更抽象的层次上借助于平等来定义自由。[4] 在知识产权制度中也毫不例外，若想实现知识产权制度"最大多数人最大幸福"的功利主义终极目标，也必须保证人们进行创造活动以及获得财产权利的自由与平等。一旦知识产权的

---

〔1〕 See Justin Hughes, *The Philosophy of Intellectual Property*, 77 Georgetown Law Journal 287, 304 (1988).

〔2〕 参见[美]Martin J. Adelman, Randall R. Rader, Gordon P. Klancnik:《美国专利法》，郑胜利、刘江彬译，知识产权出版社 2011 年版，第 6 页。

〔3〕 参见[法]卢梭:《社会契约论》，何兆武译，商务印书馆 1980 年版，第 69 页。

〔4〕 参见[美]罗纳德·德沃金:《至上的美德:平等的理论与实践》，冯克利译，江苏人民出版社 2003 年版，第 200 页。

获取损害了他人平等的创新能力或者取得之前存在的科学知识的自由,这一权利获取行为无疑就是缺乏正当性的。[1] 虽说知识产权制度赋予了权利人以高度私益性的财产权利,但这一私益却是基于公益而获得的,知识产权制度的正当性无疑也在于其高度的公益性,其中的私益性只是达到公益性目标的手段而已。[2] 因而,创新激励原理在给予创新者、投资者等创造活动参与主体以知识财产权的同时,也将知识产权的对于创新活动的直接激励予以扩展,延伸到促进科学技术进步、社会福利提升的公益层面,即以知识产权的授予,使创造活动的参与主体可以集中精力投入智力成果的转化和提升中,并将其转化为社会福利,从而使知识产权制度的正当性从知识产权人及利益相关人的最大幸福升级为"最大多数人的最大幸福",完成对知识产权制度正当性的充分证成。[3] 因此,可以说,知识产权制度的创新激励原理以私益性财产权利的激励推进社会公益性目标达成的进路,无疑是实现"最大多数人的最大幸福"功利主义追求的重要选择,也是知识产权制度正当性证成的终极激励目标之所在。

(二)知识产权制度创新激励原理的缺陷

创新激励原理作为知识产权制度正当性证成的重要理论基础,从知识财产权激励创新对于知识产权人及利益相关人"最大幸福效应"和对于社会公众"最大多数人的最大幸福"的终极效用两个层面出发,为知识产权制度提供了正当性的理论基础。然

---

〔1〕 See Wendy J. Gordon, *A Property Right in Self - Expression: Equality and Individualism in the Natural Law of Intellectual Property*, 102 Yale Law Journal 1533, 1540 (1993).

〔2〕 参见龙文懋:《知识产权法哲学初论》,人民出版社 2003 年版,第 117 页。

〔3〕 See Edmund W. Kitch, *The Nature and Function of the Patent System*, 20 Journal of Law & Economics 265 (1977).

而，这一原理在适用中是存在局限性的，并非所有技术领域创造活动都可以被知识产权制度所充分激励，也并非所有创新活动的参与者都可以被知识产权制度所有效激励。近代商品经济和社会工业化生产的发展，为知识产权制度提供了生长土壤，以知识产权激励科技创新、社会生产的功利主义价值观念也由此发轫。[1] 但是，随着科学技术的不断发明进步，创新活动中所包含技术类型日益增多、所涉及的技术领域日益复杂，知识产权制度在其中的激励效果也难免会出现大小、强弱之分。不仅如此，随着科技创造活动的不断繁荣，参与科技创新的主体日渐增多，知识产权赋权并不总是在市场环境之中，相应地，知识产权制度的适用目的也不总是在于激励。由此，不难发现，创新激励原理对知识产权制度正当性的证成并不是完美无缺，在技术领域和创新环境不适宜的时候，其往往会出现失灵的情况，不能充分且有效地实现对于知识产权制度正当性的理论证成。[2]

1. 知识产权制度创新激励原理在技术领域的局限

知识产权制度创新激励原理在技术领域的局限，是指该原理在不同技术领域中对于知识产权制度正当性的证成效果有所差异，甚至在很多新兴的技术领域中会失去其应用的效用。就像人的大脑一样，每一项技术都有它的倾向，只有对科技史一无所知的人才会相信技术是完全中立的。[3] 在不同的技术领域中，由于智力成果的生成方式及研发模式各不相同，知识产权制度激励效

---

〔1〕 参见蔡琳：《知识产权行为之法律范式与伦理范式的冲突及治理研究》，载《大连理工大学学报（社会科学版）》2018 年第 3 期。

〔2〕 参见刘鑫：《专利制度伦理问题研究》，法律出版社 2022 年版，第 122 – 124 页。

〔3〕 See Neil Postman, *Amusing Ourselves to Death*: *Public Discourse in the Age of Show Business*, 20th Anniversary edition, Penguin Books Ltd., 2006, p. 84.

应的大小与强弱也各有差异，有时甚至还会产生阻碍创新的效果。[1] 例如，在生物制药领域，高昂的研发投入往往意味着巨大的市场风险，这会使研发者获取排他性的专利财产权的诉求更为强烈，不仅如此，生物药品由创投企业进行基础研究和由大型制药公司进行具体医药开发的长周期阶段性界分，也使知识产权制度对于创新的激励与保障显得尤为关键。[2] 然而，在计算机软件、半导体等更新换代较快的技术领域，情况却恰恰相反，知识产权制度对于创新的激励作用就不那么显著。因为在这些技术领域，创新是相继的、互补的，知识产权制度尤其是专利制度与其所遏制的技术模仿的作用反了过来，模仿行为会激励创新，而知识产权制度则会损害创新。[3] 由此可见，并非所有技术领域的发明创造都可以被知识产权制度所充分激励，而创新激励原理也并不能涵摄所有技术领域的智力成果，为它们提供正当性理论基础。因此，可以说，知识产权制度创新激励原理是具有理论缺陷的，其在技术领域层面的适用存在局限性。

2. 知识产权制度创新激励原理在创新环境上的局限

知识产权制度创新激励原理在创新环境上的局限，是指该原理在不同创新环境中对于知识产权制度正当性的证成效果不尽相同，甚至在某些特殊的创新环境中其并不能发挥效用。知识产权制度对创造活动的激励，实质上是以市场经济下的完全竞争假设为理论前提，并以对创新者、投资者等创造活动参与者的充分

---

〔1〕 See Mark A. Lemley, *Reconceiving Patents in the Age of Venture Capital*, 4 Journal of Small and Emerging Business Law 139 (2000).

〔2〕 参见［日］田村善之：《创新与专利政策的结构关系——以生物技术发明为例》，载［日］田村善之：《田村善之论知识产权》，李扬等译，中国人民大学出版社2013年版，第95页。

〔3〕 See James Bessen, Eric Maskin, *Sequential Innovation, Patents, and Imitation*, 40 RAND Journal of Economics 613 (2009).

利益驱动为运行杠杆的。[1] 但是,在非市场经济环境下,政府主导或管控的创造活动对知识产权制度的激励与诱导并不敏感,知识产权制度创新激励原理的适用空间也不大。[2] 这是因为政府主导或管控的创造活动往往是"社会化"研究的制度安排。在这一过程中,创新者的补偿和创新使用的费用是分离开来的,知识产权制度并不能提供有效的创新激励。[3] 例如,在大学、科研机构中进行的发明创造活动,往往就不总是需要知识产权制度进行激励。[4] 因为大学、科研机构中的研究人员对创造活动的参与一般不是完全受利益驱动的,市场回报也并不是他们所追求的终极目标,反而同辈中的声誉、精神上的奖励等自身的"表达性"诉求更趋近他们的创新动机,也更符合他们功利性的"最大幸福"。[5] 由此可见,并非所有创新活动的参与者都可以被知识产权制度所有效激励,在不同的创新环境中创新活动的参与者的利益诉求与价值追求也各有偏向,他们在知识产权法律制度中地位有别,知识产权制度对于他们进行创新活动的激励作用也不尽相同。[6] 因此,可以说,创新激励原理是存在理论缺陷的,并不能在所有创新环境中,以统一的道德标准对知识产权制度的正当性给出有效且充分的正当性证成。

---

〔1〕 参见龙文懋:《知识产权法哲学初论》,人民出版社 2003 年版,第 116 页。

〔2〕 参见胡波:《专利法的伦理基础》,华中科技大学出版社 2011 年版,第 74 页。

〔3〕 参见林毅夫:《制度、技术与中国农业发展》,格致出版社、上海三联书店、上海人民出版社 2014 年版,第 135 页。

〔4〕 See Mark A. Lemley, *Are Universities Patent Trolls*, 18 Fordham Intellectual Property, Media & Entertainment Law Journal 611 (2008).

〔5〕 See Emanuela Arezzo, Gustavo Ghidini, *Biotechnology and Software Patent Law*, Edward Elgar Publishing Limited, 2011, p. 12.

〔6〕 参见吴汉东:《知识产权法价值的中国语境解读》,载《中国法学》2013 年第 4 期。

二、市场竞争新业态下知识产权制度激励的功能重构

市场竞争对于知识产权制度而言，既是制度实践中所面临的巨大挑战，也是不可逆转的发展方向。正如日本学者富田彻男所说，"实现智力成果的市场化是知识产权制度的一大目标"[1]。站在市场竞争的角度来看，知识产权制度的运行，在本质上就是一种创新的竞争机制。[2] 人们参与创造活动的原动力，以及新产品、新技术产生的源泉都在于市场的消费需要。[3] 基于此，知识产品的生产者被授予财产权利，也并不是因为他们对物质结构的变化有贡献，而是他们抓住了利用市场资源改变物质结构的机会。[4] 因而，知识产权也就成了市场主体为获取竞争优势所争夺与博弈的重点。尤其是在新技术、新领域、新业态不断涌现的当下，知识产权在市场竞争中的效用越发重要。然而，在传统知识产权制度正当性证成中，创新激励原理对于创新活动的激励是以排他性财产权的赋予为交换的，其达至创新激励之直接目标与社会福利提升之终极目标的路径却是消除竞争的。[5] 而且，在知识产权新业态市场运行中，获得知识产权并率先将相应知识产品投放市场的人，往往会由于缺乏对市场份额的占有而无法被知识产

---

〔1〕［日］富田彻男：《市场竞争中的知识产权》，廖正衡等译，商务印书馆2000年版，第3页。

〔2〕参见吴汉东：《无形财产权基本问题研究》（第3版），中国人民大学出版社2013年版，第281页。

〔3〕See Justin Hughes, *The Philosophy of Intellectual Property*, 77 Georgetown Law Journal 287, 304 (1988).

〔4〕See Israel M. Kirzner, *Producer, Entrepreneur, and the Right to Property*, Reason Papers, 1974, p. 1 – 17.

〔5〕See John F. Duffy, *Rethinking the Prospect Theory of Patents*, 71 University of Chicago Law Review 438 (2004).

权制度所激励。[1] 这是因为,对于很多知识产权人而言,最大的困境并不在于激励创新,而在于投资建构新的市场以促进知识产品的转化运用。[2] 为此,在知识产权市场竞争日益激烈的新业态下,有必要在市场竞争的场景中对知识产权制度的创新激励原理进行全新的解读,以市场高效竞争为原则的功利主义选择对知识产权制度创新激励原理的直接激励目标予以诠释,以市场的竞争选择推进科技革新,促进经济社会发展,并由此达至创新激励过程中"最大多数人的最大幸福"的终极目标,从而以市场竞争机制的引入来克服创新激励原理的自身缺陷,并以此实现市场竞争新业态下知识产权制度激励的功能重构。[3]

(一)市场竞争新业态下知识产权制度的直接激励效果

在市场竞争新业态下,知识产权制度所面对的核心问题是辨明知识产权与市场竞争之间的关系。从表面看,知识产权制度无疑是反竞争的,其将排他性的财产权利设置于非垄断性的知识之上。作为一种知识表现形式的智力成果,其是不具有实体性的,也是不能独立存在的,而也正是由于智力成果在时间上的永存性与空间上的无限性使财产权对其的控制更强。[4] 因为通过对知识这种抽象客体的控制,很多物质客体在数量和种类上都更多地属于个人财产的范畴,而对社会生产的影响不仅限于生产资料层

---

〔1〕 See Michael Abramowicz, *The Danger of Underdeveloped Patent Prospects*, 92 Cornell Law Review 1065 (2007).

〔2〕 See Michael Abramowicz, John F. Duffy, *Intellectual Property for Market Experimentation*, 83 New York University Law Review 337 (2008).

〔3〕 See Mark A. Lemley, *The Myth of the Sole Inventor*, 110 Michigan Law Review 749 (2012).

〔4〕 参见刘春田:《知识财产权解析》,载《中国社会科学》2003 年第 4 期。

面,也涉及了生产方式层面。[1] 但是,这并不意味着知识产权制度与市场竞争是完全对立的。这是因为智力成果上的排他权并不是垄断,这一特权本身并不属于之前就存在的自由范畴。[2] 而且,由知识产权赋权所形成的对于特定智力成果的使用垄断并不一定会形成阻碍竞争的不当市场垄断,只有在知识产权滥用的特殊情况下,知识产权人对于知识产品的垄断使用才可能演变为对于市场的垄断。[3] 究其根本,知识产权制度对于智力成果排他性财产权的授予,本质上是为了促进相关知识产品市场化,是以推进市场竞争为目的的。易言之,知识产权制度中权利人对于智力成果财产权利的垄断,其实只是将智力成果纳入市场竞争的制度手段与法律保障。[4] 因而,在市场竞争的新业态下,知识产权制度的直接激励效果便可以被阐释为市场主体对于竞争中最大幸福的功利主义追求。如此一来,不仅是市场竞争关系与知识产权制度的有机融合,更是对市场竞争活跃度的巨大提升。市场竞争活跃度的提升无疑会使参与竞争的市场主体获益。市场上对于知识产权竞争的激励效果越强,知识产品的市场化进程就越迅速,相关市场主体的收益也就越大。与此同时,市场竞争也意味着劣汰,强烈的市场激励也会使失败者更快地败下阵来。这是不可避免的市场规律,长期来看是有利于市场资源合理配置的,也

---

〔1〕 See Peter Drahos, *A Philosophy of Intellectual Property*, Ashgate Publishing Limited, 1996, p.21, 157.

〔2〕 See Tom G. Palmer, *Are Patents and Copyrights Morally Justified—The Philosophy of Property Rights and Ideal Objects*, 13 Harvard Journal of Law & Public Policy 817, 826 (1990).

〔3〕 See Mark A. Lemley, *A New Balance between IP and Antitrust*, 13 Southwestern Journal of Law and Trade in the Americas 237 (2007).

〔4〕 See Mark A. Lemley, *A New Balance between IP and Antitrust*, 13 Southwestern Journal of Law and Trade in the Americas 237 (2007).

是趋向于市场主体在竞争中最大幸福的。

(二)市场竞争新业态下知识产权制度的终极激励效果

市场竞争新业态下知识产权制度的终极激励目标是对其直接激励效果的一种延伸,是从促进市场竞争向增进社会福利的价值升华。因为在知识产权制度的实践运行中,实现市场主体竞争最大幸福的直接竞争效果与"最大多数人最大幸福"的终极竞争效果实质上是一脉相承的。市场竞争新业态下知识产权制度的直接激励效果是实现其终极激励效果的中间环节,即知识产权制度只有首先达至市场主体竞争中的最大幸福,才能以此为基础,走向"最大多数人最大幸福"。通常而言,市场的竞争程序通过价格机制可以更好地实现产品供给,也可以更有效率地实现传统信息的合理资源配置,在智力成果的知识产权保护中加强对市场的灵活运用,无疑也将会是富有效率性的一种选择。[1] 在日益激烈的新业态知识产权市场竞争中,对于市场机制的合理应用则更为关键。因为在新业态下,如火如荼的市场竞争会使科学技术更新换代更快、转化应用更快,而市场主体为了获得市场收益、防止市场失利,往往也会加大核心技术研发与保障的投入,如此一来,不仅市场上知识产权数量会飞速攀升,知识产权质量也会不断提高,社会的知识储量会与日俱增,社会生产率也会随之迅速提高,经济社会发展更会随之提质增速。[2] 推进经济增长与社会进步,毫无疑问是知识产权制度的重要功能,却并非知识产权制度的终极目标之所在,其终极的激励效果在经济增长与社会发展之后、

---

〔1〕 参见[日]田村善之:《知识产权法政策学初探》,载[日]田村善之:《田村善之论知识产权》,李扬等译,中国人民大学出版社 2013 年版,第 8 页。

〔2〕 See Mark A. Lemley, *The Myth of the Sole Inventor*, 110 Michigan Law Review 709 (2012).

事关人们整体生存质量的社会福利提升,并由此不断趋近于功利主义理念下“最大多数人最大幸福”的终极要求。[1]

(三)知识产权制度市场竞争激励机制的运行风险与防范

在市场竞争新业态下,知识产权制度的激励效能是在多创新主体的市场竞争场景下展现的。知识产权本身就是一项基于市场环境而建立并存在于市场环境之中的权利。以市场竞争为背景重构的知识产权制度激励功能无疑是与知识产权生成与继受的市场环境最为契合的。但是,知识产权制度市场竞争激励机制也不是毫无破绽的,其对于市场竞争的过度迎合势必会使市场失灵的问题殃及理论的适用。一旦外部市场出现失灵情况,知识产权制度市场竞争激励机制必然会走上歧路,出现自身难以克服的运行困境。换言之,知识产权制度市场竞争激励机制的运行是以有序的市场竞争环境为前提的。面对当前实践中市场主体过度使用或不当利用知识产权所造成的知识产权丛林、知识产权流氓等市场失灵现象,[2]知识产权制度市场竞争激励机制也就失去了适用的前提与基础。然而,市场主体往往会把自己的特定情况视为规则的例外,将功利主义追求作为滥用知识产权的借口和实施不当竞争行为的理由。[3] 但是,这种借口和理由在本质上是不成立的。因为在知识产权制度市场竞争激励机制受到市场失灵影响而无法发挥效用的时候,权利人对于知识产权行使往往不具备合法性。而且,这种将功利作为作恶的借口的做法,更是与知识产权制度本身的竞争激励效果要求相背离。因为在这种情况下,

---

〔1〕 参见龙文懋:《知识产权法哲学初论》,人民出版社 2003 年版,第 155 页。

〔2〕 参见王珊珊、邓守萍等:《专利竞赛下的企业专利战略性运用与管理研究综述》,载《软科学》2018 年第 5 期。

〔3〕 参见[英]约翰·穆勒:《功利主义》,徐大建译,商务印书馆 2014 年版,第 30 页。

知识产权制度市场失灵所能凸显的所谓的功利性“最大幸福”，仅仅是这些过度使用或不当利用知识产权的个别市场主体的最大幸福，并非所有市场主体竞争中的最大幸福，就更不用说终极竞争效果中以社会福利提升为宗旨的“最大多数人的最大幸福”的功利主义追求了。因此，对于市场失灵所带来知识产权制度市场竞争激励机制的运行风险，必须给予特别的关注，并通过知识产权制度内部权利限制机制与外部反垄断、反不正当竞争等规范市场竞争秩序相关法律规范等协调运作，展开全面的风险防范，从而使市场竞争新业态下知识产权制度的创新激励功能得以充分的发挥，并以知识产权制度的高效激励实现新技术、新领域、新业态的持续、健康发展。

本章小结

新技术、新领域以及新业态的知识产权保护，是我国《国民经济和社会发展第十四个五年规划和 2035 年远景目标纲要》对健全知识产权保护运用体制作出的重要战略部署。在当前大数据、云计算、人工智能等前沿技术发展日新月异、应用场景不断拓展、创新引领作用日益增强的时代背景下，促进知识产权制度更好发挥创新激励作用、推动新领域新业态科技成果运用、助力产业转型升级和高质量发展具有重要意义。不仅如此，在当前以高质量发展为主题的知识产权强国建设的新征程下，对于新领域新业态的知识产权保护不仅影响国家发展大局，而且事关人民生活幸福。基于此，为实现新领域新业态知识产权保护机制的日臻完善，深入推进知识产权强国建设，我们应立足新发展阶段、贯彻新发展理念，从我国当前新业态发展运营现状出发，归纳总结知识产权保护所面临的新问题与新挑战，以知识产权制度的创新与变革实现新业态知识产权保护规则的合理建构。

具体而言，为响应知识产权强国建设战略，促进新领域新业态知识产权保护机制的不断优化，首先应在知识产权制度框架内建立起以本土发展诉求为核心的主动性调整的立法理念，并积极推进知识产权制度本土化、战略化、现代化，以知识产权制度的与时俱进为新技术、新领域、新业态发展提供助力，以强化保护为政策导向，形成执法部门严格监管、司法机关公正司法、市场主体规范管理、行业组织自律自治、社会公众诚信守法的新业态知识产权协同保护机制。在此基础上，要想实现新领域新业态知识产权保护的不断强化，还应以严格保护知识产权为基础，以公平正义和维护权利人合法权益为基本价值定位，[1]对知识产权制度的创新激励功能展开市场竞争新业态的理论阐释，将市场主体对于竞争中最大幸福的功利主义追求作为知识产权制度的直接激励效果，并立足市场主体竞争中的最大幸福，实现知识产权制度“最大多数人最大幸福”的终极激励目标。知识产权立法理念的更新与制度功能的转变，无疑会为我国新技术、新领域以及新业态的持续发展注入更加旺盛的活力，更加充分地发挥知识产权制度对我国经济社会发展的推进作用，从而实现我国从“知识产权大国”向“知识产权强国”的转变，并以一个中国特色、世界一流的知识产权强国为社会主义现代化强国目标的实现提供保障与支撑。[2]

---

〔1〕 参见冯晓青：《我国知识产权制度实施的战略布局——关于〈知识产权强国建设纲要（2021—2035 年）〉》，载《知识产权》2021 年第 10 期。

〔2〕 参见易继明：《知识产权强国建设的基本思路和主要任务》，载《知识产权》2021 年第 10 期。

第三章　数字网络新业态知识产权保护的法律难题及其破解

数字网络技术是人类历史上继语言和文字的产生、造纸和印刷术的发明，以及电报、电话和广播的使用后，出现的第五次信息革命。与之相伴而生的，是以数字网络技术为基础的科技创新新领域与市场运营新业态。在数字网络传输的条件下，社会公众可以自主进入网络，在自己选择的时间和地点独立接触网络传输中的作品，而作者能否最终控制作品在网络中的合理传输，就成为一个亟待解决的问题。进而言之，在网络传输中，网络服务商和技术措施的介入，使上述问题更加复杂。因而，可以说，数字网络技术带来的数字网络新业态直接推动了知识产权制度从“印刷版权”到“电子版权”再到“网络版权”的转变，也引发了网络市场业态下的知识产权的运营难题。[1] 在数字网络新业态下，不仅知识产权主体的界定标准发生了改变，知识产权客体的利用方式也存在颠覆性的变革。在以“用户创造内容”为特征的数字网络环境下，相关商业机构成为推进作品的创作与传播的主体，使以往权利配置模式难以继续适用，而网络用户的创作与传播动机的多元

〔1〕 参见卢海君：《传播权的猜想与证明》，载《电子知识产权》2007 年第 1 期。

化，也使这种作品以及作品的利用方式不同于以往，获取经济收益并非创作与传播的唯一目的，其中更多的是一种自我表达和社会交往等非经济需求。[1] 除此之外，数字网络新业态的持续发展，还使相关知识产权侵权责任的范围和认定机制发生变化，由传统的直接侵权责任转变为新型的间接侵权责任，并以连带责任的形式为网络服务提供者设置了独立负担之责任。[2] 尤其是随着云计算技术的飞速发展，以云储存为基础、云服务为导向的云计算平台应运而生。云计算平台的复合技术框架与糅合服务模式，使其在知识产权间接侵权责任的认定过程中的面临着严峻的挑战。知识产权法随科学技术的进步而演变，面对数字网络技术革命对现行知识产权法律规则的巨大冲击，如何通过法律的完善，使之适应网络技术发展的需要，无疑是我国数字网络新业态持续发展所面临的重大课题。为此，有必要从数字网络技术的本质属性出发，厘清数字网络技术驱动下相关新业态的发展状况与运营模式，并在此基础上探究其中的知识产权问题及其症结所在，从而实现数字网络新业态下相关知识产权保护法律难题的有效破解。

第一节　数字网络新业态知识产权保护难题之阐释

20 世纪中后期，以网络技术为代表的科技革命席卷全球，开启了网络知识产权的新时代，尤其是进入 21 世纪以来，网络技术

〔1〕 参见熊琦：《Web 2.0 时代的著作权法：问题、争议与应对》，载《政法论坛》2014 年第 4 期。

〔2〕 参见吴汉东：《论网络服务提供者的著作权侵权责任》，载《中国法学》2011 年第 2 期。

的应用日趋广泛，相应的数字网络产业也应运而生。从最初的Web 1.0到当前的Web 4.0，网络信息传播的即时性与交互性与日俱增，诸多传统文化资源被转化为数字版本，并通过互联网开启了传统文化及其衍生产品在线传播的新业态，与此同时，文字作品在线创作、音乐作品在线传播层出不穷的新型应用形式，以及网络游戏、网络直播等新兴商业运营模式的不断涌现，带来了数字网络时代的发展新业态，相应地，突破现有制度框架的知识产权保护问题也随之而来。近年来，云计算等新技术的迅猛发展，也带来网络产业的剧烈变革，由此形成了以云计算平台为代表的新型网络服务平台。对此，我们必须以敏锐的时代洞察力提出具有前瞻性的知识产权制度优化举措，从而为适应数字网络时代新兴产业的发展提供现代化的知识产权制度产品。[1]

一、传统文化网络转换的知识产权界定难题

技术变革与经济发展的两大驱动力将社会推入数字时代，数字技术与互联网平台的广泛应用深刻地改变了世界信息保存、认知和交流的方式，带领公众进入数字化、高效性、高质量的新时期。在此背景下，社会各个方面开始向现代化转型，具有优秀艺术价值、民族价值与传承价值的传统文化也不例外。在技术的加持与文化遗产机构的助力下，传统文化的传播与发展逐步突破了依赖实物保存的物理载体限制，打破了依赖实地文化遗产机构的地域限制，冲破了依赖单向式的公众交流模式限制，逐步转向数字化、网络化、产业化的创新发展。[2] 换言之，当下文化遗产机构

〔1〕 参见刘银良：《百尺竿头，何不更进一步？——评著作权法第三次修改》，载《知识产权》2013年第2期。

〔2〕 参见赵云等：《文化遗产数字化展示研究》，中国地质大学出版社2016年版，第4页。

对于蕴含优秀传统文化的作品的保存多采用数字化的方式，并将其通过网络平台向公众传播，从而便利公众接触传统文化。同时，借助产业化发展推出文化创意产品，以呼应泛娱乐化的大众生态，拉近与公众的距离。[1] 这是世界各国保护和发展传统文化的趋势，更是各国肩负传播优秀传统文化任务的文化遗产机构努力的方向。

然而，传统文化的创新发展却引发了诸多知识产权争议，包括文化遗产机构对于代表性的传统文化资源的数字化保存的知识产权争议、进行网络化传播的知识产权争议，进行市场化开发的知识产权争议。我国作为历史悠久的四大文明古国之一，拥有丰富的文化遗产资源。优秀的传统文化资源构筑了我国核心的文化竞争力，既是我国民族的灵魂所在，也是增强我国国际话语权的重要推动力，传统文化的利用对于我国的发展至关重要。[2] 习近平总书记在党的十九大报告中指出，要“推动中华优秀传统文化创造性转化、创新性发展”[3]。我国的文化遗产机构也在积极推动传统文化的创新发展，积极让“传统文化活在当下”[4]，但前述知识产权争议，阻碍了传统文化的创新发展步伐。鉴于此，有必要从传统文化的实践问题出发，挖掘知识产权制度与现实创

---

〔1〕 世界各国文化遗产机构都在致力于推出以传统文化为基础的文化创意产品，例如：法国卢浮宫、凡尔赛宫、美国大都会博物馆、英国大英博物馆。参见王彩凤：《博物馆衍生品开发的法国经验》，载环球网 2019 年 4 月 15 日，http://go.huanqiu.com/news/tourism/2019-04/14724896.html? agt=15422。

〔2〕 2019 年两会期间，政府工作报告中明确提出要加强文物的保护与利用。参见李克强：《政府工作报告（文字实录）——2019 年 3 月 5 日在第十三届全国人民代表大会第二次会议上》，载中国政府网，http://www.gov.cn/premier/2019-03/05/content_5370734.htm。

〔3〕 郭伟伟：《推动中华优秀传统文化创造性转化创新性发展》，载《学习时报》2018 年 8 月 20 日，A1 版。

〔4〕 单霁翔：《让传统文化活在当下》，载《光明日报》2018 年 3 月 16 日，第 5 版。

新发展之间的理论痛点与难点，在利益平衡的基础上完善知识产权制度以助力传统文化在数字时代的繁荣发展。

二、新兴网络服务产业的知识产权合规难题

从最初的Web 1.0到如今的Web 4.0，数字网络的应用与普及催生出了全新的内容产业。网络自媒体、流媒体运营机制的出现，使信息的制作与传播呈现出个体化、自主性、多样化、圈群化和高速性的显著特征。[1] 信息传递的中介弱化使得沟通方式更直接，用户间的充分互动则带来了更优的传播效果。[2] 相应地，网络用户既能通过网络即时获取数字信息，也能利用网络自主生成内容，并与其他网络用户互动分享。

在此基础上，涉及电子读物、数字音乐、网络视频、在线直播等一系列的网络平台相继产生，并形成了由网络平台所主导的内容产业。不仅如此，为适应网络传播技术的现代化发展趋势，传统媒体也不得不努力融合到新的信息传播模式，形成了媒体融合的全新运行机制。[3] 但是，随着网络平台内容产业的蓬勃发展，数字信息传播内容与范围失控所引发的知识产权合规难题也相伴而生，尤其是对相关网络平台内容产业知识产权保护范围与程度的确定，是当前数字网络新业态下亟需解决的重点问题。在化解网络平台内容产业的知识产权合规难题的过程中，如若打破现有网络服务提供商对于知识产权侵权内容被动性“通知—删除”的基本模式，过度提高他们注意义务，势必会造成对网络平台内

---

〔1〕 参见宋全成：《论自媒体的特征、挑战及其综合管制问题》，载《南京社会科学》2015年第3期。

〔2〕 参见王国华、刘炼等：《自媒体视域下的科学传播模式研究》，载《情报杂志》2014年第3期。

〔3〕 参见李丹林：《媒介融合时代传媒管制问题的思考——基于“公共利益”原则的分析》，载《现代传播（中国传媒大学学报）》2012年第5期。

容产业发展的严重制约。但如若对相关知识产权合规难题采取放任态度,不加以有效监管,则会带来网络平台内容产业发展的失序,对其持续健康发展造成严重损害。

不仅如此,云计算技术加持下的新型云计算平台以先进的技术手段构建出全新的底层结构与基础设施,并以可动态调配和扩展平滑的高精度计算将不同数据存储空间中的软、硬件予以全面连接,从而提供更加精细的应用选择,更好地服务于多元化的商业模式。[1] 在此基础上,进一步从汇集不同通信网络服务商和不同基础设施供应商海量软、硬件及其组合的复杂云供应链来看,可以发现,云计算平台的应用范畴往往并不是直接面向终端市场的,而是服务于次级市场中对接普通网络用户的一般网络服务提供者。然而,也正是云计算平台下的市场运营的新业态,却引发了知识产权间接侵权责任认定的新难题。实践中,由于主体不完全适格及“通知—必要措施”机制无法充分实施的问题,对传统网络服务提供者进行知识产权间接侵权判定的“避风港”规则,并不能在云计算场景下予以有效适用。

鉴于此,有必要从新兴网络服务产业的发展演变历程出发,梳理出新兴网络服务产业从用户表达到平台主导的运营模式转变,厘清不同商业模式下不同知识产权合规难题的具体表现、主要特征和形成原因,并在此基础上,结合我国网络产业的发展现状,对新兴网络服务产业的知识产权合规难题展开本土产业发展立场下的深入分析与考察,进而提出符合我国网络产业未来发展需要的知识产权合规策略。

---

[1] 参见刘友华:《云计算专利法律问题研究》,法律出版社 2018 年版,第 17 - 18 页。

第二节 传统文化网络呈现知识产权界定难题的法律因应

数字技术的飞速发展深刻地改变了信息资源保存与传输的方式,使人们能够突破时间与地域的限制进行广泛的资源利用。在此契机下,文化遗产机构积极推进传统文化资源的数字化变革,开启了传统文化资源数字呈现、在线传输等新型的保存与获取机制。在实践中,由于数字技术对传统文化资源保存与利用方式的颠覆性改变,使传统文化在数字转换过程中出现了诸多的知识产权界定难题,涉及传统文化资源的数字化保存、网络化传播、市场化发展等诸多层面。对此,应从相关难题产生的根本原因出发,有针对性地提出知识产权制度接纳传统文化的创新发展的有效举措。

一、传统文化数字转换知识产权界定难题的主要表现

数字技术与互联网的出现改变了社会的发展形态,文娱化的社会风尚指引产业变革的方向。传统文化的创新实践正是在此背景下一步步摸索前行,如以音乐、诗歌、雕塑等传统文化为基础进行创意开发,[1]但知识产权制度却未曾与其同频共振,反而囿于自身的滞后性为传统文化的创新实践带来了部分法律阻碍,从而降低了创新的速度。因此,有必要系统梳理新业态背景下传统文化创新实践的知识产权争议,在明晰问题的基础上,提供适宜的解决方案,从知识产权角度为传统文化创新实践提供制度支撑。

---

〔1〕 参见李书文、尹作升:《文化产业化与传统文化资源的开发》,载《社会科学研究》2004 年第 3 期。

（一）传统文化资源数字化保存的知识产权难题与争议

数字化是新时期一切事物发展的趋势，更是信息存储与传播的基本路径，具有高质、高效、安全的特点，在巴西国家博物馆（Brazilian National Museum）文物遭遇火灾之后，数字化建设更是成为各国文化遗产机构建设的重要任务。[1] 然而，在文化遗产机构对传统文化资源进行数字化保存过程却存在诸多知识产权争议，主要涉及传统文化资源数字化文本的可版权性和版权归属。

对于难以成为版权作品、已超过版权保护期和仍在版权保护期的传统文化资源而言，通过数字技术设备进行数字化后形成的电子资源能否成为版权法意义上的作品从而获得版权法保护，学术界存在诸多争议。部分学者认为，对于传统文化资源的数字化从实质层面而言仅仅是一种复制行为，并没有产生新的作品，因而其电子资源并不属于版权法意义上的作品，更无须去讨论版权归属问题。[2] 学者 Kaitlyn M. Garvin 支持这一观点并指出，如若每次对于传统文化资源数字化后的电子资源都认定其构成作品，则会进入不停"重启版权时钟的怪圈"[3]，从而将原本脱离版权保护的资源再次纳入版权法的范围内。换言之，超过版权保护期的传统文化资源从此可以通过数字化的方式不间断地获得版权法的保护，仍在版权保护期内的传统文化资源则产生了与原始版权人权利相冲突的另一项版权。也有学者从作品的独创性角

〔1〕 2018 年 9 月 2 日，巴西国家博物馆遭遇大火，200 年的历史建筑和 2000 万的历史文献资料被毁。参见刘铭威：《从巴西国家博物馆大火看文物数字化保护利用工作的重要性》，载《中国文物报》2018 年 9 月 26 日，第 3 版。

〔2〕 参见兰国红：《博物馆藏品影像化的法律风险及其应对》，载《中国博物馆》2018 年第 1 期。

〔3〕 Kaitlyn M. Garvin，*Reclaiming Our Domain*：*Digitization of Museum Collections and Copyright Overreach*，59 IDEA：The Law Review of the Franklin Pierce Center for Intellectual Property 445 – 482（2019）.

度认定一定条件下部分传统文化资源的数字化资源能够成为版权法意义上的作品,数字化的过程体现了人的智慧的选择。以数字化摄影为例,不同的光影、角度构成了不同的作品也体现了不同的创造性,[1]它并不是简单的机械复制,能够成为著作权法意义上的作品。

在构成版权法意义上作品的前提条件下,如何去认定传统文化资源数字化文本的归属仍值得考量。如图 3 - 1 所示,传统文化资源的数字化呈现一般涉及两位主体,即拥有传统文化资源的传承人以及数字化技术的持有者,有时也会涉及存储传统文化遗产资源的文化遗产机构,包括图书馆、博物馆、档案馆等。一般而言,作品的版权归属于作品独创性的贡献者。在传统文化资源的数字化呈现过程中,数字化技术的利用是独创性的来源,可以就此推断实施数字化的主体是版权人。然而,传统文化资源的数字化不同于一般意义上的资源数字化,数字化技术的持有者往往是在了解传统文化的传承人或者文化遗产机构的指引下进行的艺术性的创作。因此,"一刀切"将具有独创性的数字化文本的版权归属于数字技术的实施者并不合理。同时,也有外国学者指出,传统文化资源对于一国文化的传承和发扬具有重要意义,其数字化文本的管理应当审慎。[2] 不仅如此,传统文化资源多由传承人花费人力、物力进行整理、加工、演绎等,如若仅在数字化环节给予数字技术实施者版权,则会落入"权利变相转移"的困境。

---

〔1〕 参见张百成:《博物馆藏品的著作权归谁享有——以故宫博物院为例的博物馆藏品著作权法律问题探析》,载《中国文化报》2013 年 7 月 30 日,第 11 版。

〔2〕 Reto M. Hilty, Valentina Moscon, *Modernisation of the EU Copyright Rules—Position Statement of the Max Planck Institute for Innovation and Competition*, Max Planck Institute for Innovation and Competition,2017.

图 3-1　传统文化资源数字化转换流程

(二)传统文化资源网络化传播的知识产权难题与争议

科技变革同样也推动了信息传播途径的变革,从传统的口口相传、物物相传到常态化的网络传播,社会进入了英雄的互联网时代。[1] 在此社会背景下,信息的传播依赖于网络,公众获取知识的方式依赖于网络,网络成为一切的媒介,传统文化资源也不例外。为了加快文化的传播与交融,促进文化多样性目标的实现,各国传统文化资源以及其数字化版本大部分进入了网络媒介之中,从而保障公众对于传统文化的接触。然而,模糊不清的主体权利范围和传播界限带来了诸多争议。

传统文化资源及其数字化版本的网络化传播的知识产权争议中最为显著的是版权主体争议,即谁是有权实施对应作品的信息网络传播权。一般而言,对于本身能够成为版权法意义上作品的传统文化资源而言,其信息网络传播权的实施应当由其作者享有,只有经过作者的同意才可进入网络传播。即便该作品被文化遗产机构收藏或保存,在版权未转移的条件下作品的信息网络传播权仍然由作者本人享有。就规范层面而言,一一获得所有版权作品作者的信息网络传播权许可并不现实,这一权利的剥离导致大部分文化遗产机构丧失了合法地在网络平台传播优秀作品的机会,而如今的互联网世界,任何文化的传播早已离不开网络。在此矛盾的背景下,实践中部分文化遗产机构未经版权人同意而

---

〔1〕 Vagelis Papkonstantinou, Paul de Hert, *Legal Challenges Posed by Online Aggregation of Museum Content: The Cases of Europeana and the Google Art Project*, 9 SCRIP Ted: A Journal of Law, Technology and Society 314 (2012).

将代表传统文化的作品上传至网络供公众欣赏。最具代表性的是 2011 年启动的谷歌艺术计划。该计划通过与文化遗产机构的合作,以超高解析像拍摄文化遗产机构的馆藏品供全球公众网上浏览,上传的作品中不乏未经作者同意的版权作品,这些做法引发了诸多争议。部分学者坚持在版权法框架内严格判定文化遗产机构未经同意网络化传播作品的行为侵犯作者信息网络传播权,但从社会功能角度来说,文化遗产机构的使命即传播作品与传承优秀传统文化,一旦禁止其通过主流媒介渠道传播传统文化,文化遗产机构的使命就难以达成。德国学者 Katharina Garbers - von Boehm 也明确指出,法律应当允许文化遗产机构在一定的范围内对馆藏品以低分辨率形式向公众在线提供。[1] 然而,实践中的主体争议仍待进一步化解。

即便部分国家文化遗产机构可以基于版权例外制度获得在线向公众传播的权益,但传播的范围如何界定仍存在不同声音。部分国家基于数字进程的加速,赋予了文化遗产机构基于版权例外对馆藏作品进行在线传播的权益,如《意大利版权和邻接权保护法》第 73 条,[2] 但其将其传播范围限定在了文化遗产机构所在地专用终端或内网,《德国版权与邻接权法》第 60e 条第 4 款规定,为了个人研究或私人学习,博物馆可以在其终端上向公众提供馆藏作品。在此规定下,公众只有进入文化遗产机构内部时才能欣赏到馆藏作品,一旦离开以实体为依赖的文化遗产机构建筑

〔1〕 参见付丽霞:《数字时代博物馆使用作品版权例外制度研究》,中南财经政法大学 2020 年博士学位论文。Katharina Garbers - von Boehm, Rechtliche Aspekte der Digitalisierung und Kommerzialisierung musealer Bildbestände, Baden - Baden: Nomos, 2011, S. 313ff.

〔2〕 Jean - François Canat, Lucie Guibault, in collaboration with Elisabeth Logeais, *Study on Copyright Limitations and Exceptions for Museums*, WIPO, SCCR/30/2 (April 30, 2015): Appendix Ⅱ 42 - 36.

则无法获得，同样的还有《匈牙利版权法》以及我国《著作权法实施条例》。在网络技术发展初期，建筑内的专用终端和内网能够满足公众对于作品的利用需求，但随着互联网应用的普及，地理局限的在线利用范围早已无法满足公众日益增长的需要，特别是在全球化背景不断深入的当下，跨文化区的作品交流越发频繁，因此建筑外的在线传播也显得尤为重要。基于此，有部分国家赋予了文化遗产机构超越物理位置的向公众传播权限版权例外权限。美国艺术博物馆馆长协会（Association of Art Museum Director，AAMD）在《艺术博物馆使用受版权保护的材料和艺术作品指南》[1]中指出，依据Perfect与亚马逊公司的案例，[2]文化遗产机构在线向公众提供馆藏作品缩略图也可以被认定为合理使用，只要其目的是非商业性的。世界知识产权组织（World Intellectual Property Organization，WIPO）正在研究如何在合理范围内引导文化遗产机构合法地进行馆藏作品的在线传播，从而保障各方权益。[3]

（三）传统文化资源市场化发展的知识产权难题与争议

文化创意产业的发展为传统文化的回归与传承开辟了新路径，也使传统文化以另一种方式得以发挥新的生命力。习近平总书记在2020年主持中共中央政治局第二十三次集体学习时指出，要加强文物价值的挖掘阐释和传播利用，让文物活起来。在此背景下，越来越多的文化遗产机构加入了文化市场，利用传统文化开发创意产品，让传统文化重新走进公众生活。例如，大英

---

〔1〕 AAMD：Guidelines for the Use of Copyrighted Materials and Works of Art by Art Museums.

〔2〕 Perfect 10，Inc. v. Amazon. com，Inc.，508 F. 3d 1146（9th Cir. 2007）.

〔3〕 See WIPO Doc. SCCR/38/6，2019：15.

博物馆的文创产品区、[1]我国故宫博物院的创意产品[2]以及各地区文化遗产机构设立的文创产业园，都是文化遗产机构带领传统文化进军文化市场的表现。而这一方面有文化遗产机构使命必达的传统文化现代化发展需要，即传统文化的发展不应当局限于早前的展览、保存和传承，而是应当以更加贴近公众生活的方式展现出来，而不是与公众的真实相远离，文化创意市场恰恰满足了传统文化现代化变革的需要，亦使公众挖掘出传统文化不一样的美与韵味。另一方面，文化遗产机构作为传统文化传承和创新发展的先行者，承担了传统文化资源再发展的使命，包括保存、修复、数字化建设等，但这些发展往往需要巨大的人力和物力支撑，仅仅依靠文化遗产机构的门票收入和政府拨款几乎无法达成，因此，许多文化遗产机构开始自行或与第三方机构合作进行文化创意产业的开发，进入文化市场，从而获得相关收益后反哺传统文化资源的保护与传承，激发公众对于传统文化资源的热情与兴趣。然而，也有很多学者质疑，作为公益性、非营利性的文化遗产机构能否有资格参与市场活动，参与营利性收益分配活动，但不同的声音却愿意给予文化遗产机构更多地市场宽容度，并将文化遗产机构适度的市场活动纳入版权例外的制度中，从而促进文化遗产机构对于传统文化资源的创新性发展与创造性转化。由此，以文化遗产机构为首的促进传统文化资源市场化发展的知识产权争议产生。

---

〔1〕 大英博物馆的文创产品区，见大英博物馆网（https://www.britishmuseumshoponline.org/?_gl=1*k1auqx*_ga*MTczMTkwODI4NC4xNjI5MTkwNzAx*_ga_08TLB9R8X1*MTYyOTE5MDcwMC4xLjAuMTYyOTE5MDcwMC4w&_ga=2.111074886.273876306.1629190702-1731908284.1629190701）介绍。

〔2〕 故宫博物院文创产品区，见故宫博物院网（https://www.dpm.org.cn/Creative.html）介绍。

实践中,文化遗产机构是传统文化资源市场化发展的主要推手,特别典型是各大博物馆和图书馆,包括巴黎卢浮宫、北京故宫博物院等,其“大 IP”的文化创意产业发展方式不仅推进了机构的营收,缓解了机构发展的经济压力,还吸引了更多的公众了解传统文化的内核与外延,让原本“枯燥”的传统文化艺术焕发生机。然而,对于文化遗产机构能否直接参与市场活动,学术界仍存争议。世界各国一直将文化遗产机构定性为公益性与非营利性:《法国知识产权法典》第 L. 122 – 5 条第 8 项规定文化遗产机构不得追求任何经济利益和商业利益;[1]我国在《信息网络传播权保护条例》第 7 条中规定文化遗产机构数字化建设不得直接或间接地获得经济利益,似乎传统的市场主体中就不存在文化遗产机构。早期从市场的商业活动中剥离文化遗产机构是符合当时的经济发展水平和公众文化诉求的,但随着市场活动的丰富,文化创意产业早已无法离开文化遗产机构的支持与助力,文化遗产机构所承载的传统文化资源更是文化创意产业发展的基础。换言之,若文化遗产机构无法参与文化创意活动,而是放任第三方对传统文化资源进行利用与开发,则会衍生出对传统文化的尊重与包容问题,文化遗产机构的参与能够保障对传统文化资源的尊重。基于此,是否应当遵循现实发展路径,适当放宽对文化遗产机构限制,撕去“非营利性”的标签,从法律层面肯定文化遗产机构推动传统文化资源市场化的意义与价值,值得深思。

在文化遗产机构加速传统文化资源市场化发展的背后除了主体性质争议,还有参与范围的争议,即便文化遗产机构被许可参与传统文化资源的市场化活动,其边界如何划分,参与程度如

---

〔1〕 参见《十二国著作权法》,十二国著作权法翻译组译,清华大学出版社 2011 年版,第 70 页。

何确定都是学术界争议的焦点。不仅如此,传统文化资源分为公共资源与版权作品资源,在文化遗产机构可以参与的情况下,公共资源的市场化发展必然是可行路径,但实践中文化遗产机构往往会涉及对版权作品的传统文化资源进行利用,从而产生知识产权纠纷。例如,2002 年中国革命博物馆未经版权人同意将《开国大典》作品制作成金箔画出版发行,就引发了知识产权争议。[1] 不仅如此,实践中文化遗产机构还会有发行小册子、展览目录等常规性操作,主要是为了让公众更好地了解文化遗产机构典藏的优秀传统文化作品,这往往也涉及部分作品的版权问题,需要文化遗产机构获得版权人的许可与同意,但从效率和可操作性角度而言并不现实。因此,有部分国家将制作小册子纳入了文化遗产机构使用作品版权例外制度中去,文化遗产机构可以不经过版权人同意使用典藏的版权作品制作小册子,[2] 但多数国家并没有采纳这一做法。国际社会也仍然在聚焦这一问题,企图寻找更为适宜的解决方案。世界知识产权组织曾多次组织针对新时期图书馆、档案馆、博物馆等文化遗产机构创新发展知识产权问题的调查研究,探究文化遗产机构的市场行为参与度问题。[3] 美国 AAMD 也曾在报告中对此问题进行探讨,从行为种类分析可参与性,从市场化利用的最终目的来考量文化遗产机构可以参与的范围。[4] 然而,最终文化遗产机构应当以怎样的姿态进入文化市场,如何在尊重知识产权的基础上积极推动传统文化资源在文化

---

〔1〕 参见张林英、董沙贝、董沙雷、董一沙诉上海广元艺术工艺品有限公司、北京工美集团有限责任公司、中国革命博物馆侵犯著作权纠纷案,北京市高级人民法院(2002)高民终字第 728 号民事判决书。

〔2〕 参见《日本版权法》第 47 条第 1 款的规定。

〔3〕 WIPO 官网,网址 https://www.wipo.int/about-wipo/en/。

〔4〕 AAMD, Guidelines for the Use of Copyrighted Materials and Works of Art by Art Museums, 2017, p. 35.

市场中的发展与变革，知识产权制度如何予以配合，都是需要在泛娱乐化社会背景下讨论的问题。

二、知识产权制度对于传统文化创新发展的实践接纳

新业态背景下传统文化创新发展的步伐不断加快，公众接触传统文化的动力也越发强烈。与此同时，知识产权制度也在加强对传统文化作品的作者权益保护，这种发展与保护之间的拉锯也加剧了公共利益与私人利益的博弈。换言之，传统文化资源数字化保存、网络化传播和市场化发展是传统文化新业态的发展态势，也是传统文化新生命的体现，更是未来前进的方向。新时期知识产权制度也在技术变革的加持下不断发展，全方位地保障作者对于作品的控制，强化作品的保护，在传统文化不断突破以保障公共利益的背景下，以作者为中心的私人知识产权权利的扩张无疑是与其相背离的，这种公众知识获取、传承传统文化的公益价值与作者私人权益扩张，作品保护强化的私益价值的冲突则是新时期传统文化创新发展过程中知识产权纠纷的成因。

洛克在《政府论》中提出："完整的财产权是要留有同样足够好的东西给他人所共有。"[1]财产权利的核心并不是对于财产的私人独享，而是在尊重私人权益的基础上保障公共利益。聚焦至传统文化的创新发展中，保障传统文化的优秀版权作品、尊重作者对于作品的控制固然重要，但也需要保护作品性质中公共价值的部分，维护公众对于优秀传统文化作品的知识获取权，这是私权制度设立的重要基础。著名知识产权学者 L. Ray Patterson 和 Stanley W. Lindberg 曾指出，知识产权制度曾因私权属性被误认为其主要目的在于保护作者权益，但这恰恰是知识产权制度的附

---

〔1〕［英］洛克：《政府论》（下篇），叶启芳、瞿菊农译，商务印书馆 1964 版，第 18 页。

加属性,其设立的最初目的与最终目的都是公共利益。[1] 也就是说,在传统文化创新发展道路上与知识产权制度小摩擦的解决是可以通过共同的公共利益价值取向进行化解的。在尊重私人权益的基础上适当地让渡部分权益以保障公共的传统知识获取权,从而使传统文化焕发生机,才是纠纷化解之道。具体而言,针对不同的纠纷类型,需要采取不同的化解策略,下文将分述之。

(一)厘清数字化文本版权性质,明确版权归属

数字化建设是文化遗产机构对传统文化资源保存、收藏与传承的基础,是新时期文化遗产机构的主要任务,对于一国传统文化的发展尤为重要。针对数字化保存过程中产生的知识产权争议,应当明确数字化文本的版权性质与版权归属。如前文所述,数字化文本的可版权性争议落脚于数字化行为是否具有一定的独创性还是只是一种复制行为。其实从知识产权制度出发,数字化行为如果目的仅仅是还原传统文化资源的真实面貌,力求做到丝丝相同,则无法将数字化行为与创造性相联系。反之,如果数字化行为本身并不是为了追求数字化文本与原作的一致性,而是为了追求不同于原作的美感,从而加入了创作者自身的艺术手法,则不排除数字化文本作为新作品保护的可能性。在此基础上可以依据原作者、数字化技术实施者、文化遗产机构之间的协议约定版权的归属。然而,从公益角度出发,此类作品对于传统文化的发展与传承意义重大,如若进行数字化后的文本版权全都归属于除了作者和文化遗产机构之外的第三方,则不免会招致突破原作意图或伤害传统文化的不正当利用,从而伤害民族情感。因

---

〔1〕 L. Ray Patterson, Stanley W. Lindberg, *The Nature of Copyright:A Law of Users' Rights*, 62 The Library Quarterly 475 – 477 (1992).

此，有必要对此予以一定限制，原则上以文化遗产机构或传统文化资源作者为数字化文本版权作品的版权人，合理约束对数字化文本的利用，从而实现传统文化资源在数字时代的有序开发与合理利用。

（二）理顺网络运营发展路径，限定传播内容

新技术的发展与变革加速了传播路径的改变，也给予了传统文化发展巨大的革新动力。互联网英雄产业的发展使得世界开始突破地域阻碍成为“地球村”，[1]公众接触各国文化不再需要长途跋涉与实地欣赏，极大地提高了知识汲取的效率，但同时敦促着传统文化改变原有“刻板姿态”，进入网络化发展的路径。文化遗产机构是“让传统文化活在当下”的重要渠道，也是推动传统文化资源适应现代化发展的重要机构，其有责任和义务不断促进公众对于传统文化的了解与喜爱，互联网无疑是最便捷与最高效的路径，更是未来文化发展的重镇。换言之，传统文化的创新实践离不开网络化发展的基础路径，馆藏作品突破文化遗产机构的地域限制已是必然结局，知识产权制度正视这一发展态势，在保护作者权益的基础上合理规制传播行为，从而助力其在合法范围内良性发展，而不是为传统文化的发展设置障碍。

如前文所述，世界各国文化遗产机构都在进行网络发展计划，将馆藏的传统文化资源上传网络供公众欣赏，但其中容易涉及许多版权作品从而引发知识产权争议。就网络欣赏和实地观赏两个角度而言，网络欣赏并不能完全替代对传统文化资源的实地观赏；对于作者而言，网络欣赏反而会增加公众实地观赏的兴趣与动力。因此，文化遗产机构将作品进行网络传播并不会影响

〔1〕 参见［加］赫伯特·马歇尔·麦克卢汉：《理解媒介——论人的延伸》，何道宽译，商务印书馆2000年版，第22页。

作者的其他收益。知识产权制度应当将文化遗产机构馆藏作品向公众在线传播纳入例外制度中，赋予文化遗产机构可不经作者同意向公众传播传统文化作品的权限，但向公众传播作品并不是一味地全部上传，而是需要进行一定限制，具体可参照美国AAMD出台的指南的相关规定，对上传的分辨率和像素进行限制，从而避免公众对于作品的不合理使用，并在官网撰写不允许第三人商业性使用的声明。

（三）分类讨论市场发展行为，确立参与方式

传统文化创新发展需要与文化遗产机构的自身发展诉求是推动传统文化资源市场化发展、产业化成长的重要推动力。若一味地遏制文化遗产机构带领传统文化进军文化创意产业会影响文化遗产机构的日常工作的开展，更不利于激发公众对于传统文化的兴趣，反而会成为传统文化创新发展的阻碍。有鉴于此，有必要在保障作者合法的知识产权权益基础上适度放宽在文化遗产机构引领下传统文化资源市场化的权限，从而维持私益与公益的相对平衡。具体而言，传统文化市场化的发展主要包括两大类型：第一，为传统文化普及和教育目的利用传统文化资源向公众出版、发行小册子、出版物等。文化遗产机构的此类利用可以不经版权人的同意而进行，但需要不侵犯作者其他合法权益、不得不合理地影响他人的使用，同时应当给予作者合理的补偿，收益部分进行合理分配。第二，以传统文化资源为基础，向公众制作、出售文化创意周边产品的文化创意改造。对于此类行为，文化遗产机构应当在征求版权人同意的基础上，明确文化创意作品的版权归属，之后才可以进行市场化活动，并支付给作者相应的报酬。

第三节　新兴网络服务产业知识产权规范难题的法律对策

网络技术的普及应用推进了网络产业的蓬勃发展，从最初电子图书、数字音乐、在线影视到如今的网络直播，各种网络平台及相关应用程序不断涌现，网络产业发展得如火如荼，形成了多种多样的商业模式，不仅在人们的日常生活中不可或缺，对于经济社会的增长也具有较大的积极效用。[1] 如今，随着云计算等新技术的飞速发展，网络产业也进入了云储存、云服务的发展新阶段。然而，在网络产业日益繁荣的背后，却潜藏着巨大的知识产权合规难题。如若不能妥善处理相关知识产权合规难题，则势必会使网络产业的持续健康发展受到严重制约。为此，有必要从网络产业的运营现状出发，挖掘相关知识产权合规难题的产生缘由，并通过类型化分析的方法探究应对网络产业知识产权合规难题的法律对策。

一、网络平台内容产业的知识产权合规难题与应对举措

数字网络技术的飞速发展，带来了知识创新与传播方式的巨变。互联网的应用与普及，则进一步引发“用户创造内容”的全新的非营利性在线创作与传播内容，乃至文学艺术作品的模式变革。网络平台内容产业模式的不断创新，使“用户创造内容”过程中的单纯自由表达诉求具备平台主导下的商业性营利属性，尤其是当前短视频平台利用其自身用户影响力，大量推荐介绍类、解说类短视频开展引流和带货，在增加相关推介销量的同时，也给

---

〔1〕 参见刘力源：《数字内容产业如何拓展生活空间？》，载《文汇报》2010 年 4 月 29 日，第 8 版。

平台本身带来了相当的广告收益。[1] 由此，对于网络平台内容产业知识产权合规监管也就变得尤为关键了，其不仅涉及用户原创内容的知识产权保护、利用现有资源二次创作的知识产权冲突等情形，还包含相关内容商业性使用的知识产权法律规制等诸多问题。

（一）网络平台内容产业知识产权合规难题的基本由来

之所以在网络平台内容产业运营中会产生如此严峻的知识产权合规难题，是因为数字网络技术加持下商业运营模式的迅速更新发展。从网络平台内容产业的发展历程来看，致使知识产权合规难题愈演愈烈的商业模式变革大体可以被概括为从用户自由表达到平台主导运营的转变过程。为此，有必要从这一发展历程出发，对网络平台内容产业中的知识产权合规难题予以深入挖掘，并由此厘清相关法律难题的基本由来与形成诱因。

1. 用户自由表达内容的知识产权合规难题

随着数字网络的应用与普及，网络用户数量持续增长，并已覆盖了全球范围内数亿的人口，成为人与人之间沟通的主要媒介。与此同时，诸如微博、微信等一系列供人们进行在线表达与交流的网络平台与应用程序也应运而生，而作为新兴网络信息资源创作与组织模式的用户生成内容则成了一种新的风尚。[2] 在各大网络服务运营商所构筑的线上平台之上，广大网络用户不仅可以根据自身喜好浏览并获取网络资源，还可以将自身创作或改编的文字内容及摄制的图片影像内容上传至相关线上平台并与

---

〔1〕 参见熊琦：《短视频平台该如何化解"二创"版权风波》，载《光明日报》2021年4月28日，第2版。

〔2〕 参见赵宇翔、范哲、朱庆华：《用户生成内容（UGC）概念解析及研究进展》，载《中国图书馆学报》2012年第5期。

网络用户进行共享。如此一来,便产生了用户生成内容的知识产权合规难题,涉及网络用户是否对其上传的相关内容享有知识产权、网络服务运营商该如何保护相关内容的知识产权,以及出现知识产权侵权问题时网络用户和网络服务运营商之间该怎样分配责任等诸多层面的具体问题。

首先,普通网络用户在微博、微信等网络平台及应用程序之上发布动态,上传文字性、影像性内容,是他们对于相关网络平台及应用程序的正当使用,也是他们在网络环境下所享有的进行自我表达的自由。众所周知,表达自由是一项基本人权,也是世界各国普遍认可的一项宪法权利,在全新的网络传播媒介下表达自由依旧是每一个普通网络用户所应享有的重要权利,因而在对网络用户生成内容进行知识产权合规审核时,也必须使普通网络用户的表达自由得到充分的保障。当然,对于表达自由的保障是有限度的,不能损害他人的合法权益,不能违反宪法法律的规定。在网络环境下,用户在网络平台及应用程序之上的表达自由也必然受到上述限制,并在对于用户自由表达内容的知识产权规制中,以知识产权领域的私权保障及其限制制度为基础,通过对用户生成内容的原创性判断和权利冲突协调,实现对于网络用户自由表达内容的知识产权合规。[1]

其次,网络服务运营商在为网络用户提供网络服务的同时,对用户上传至网络平台及应用程序的自由表达内容也有一定的监管职责。虽说在这一监管职责下,网络服务运营商没有对网络内容进行主动审查、监控的义务,但应履行事后被动的报告、删除

〔1〕 参见吴汉东:《知识产权领域的表达自由:保护与规制》,载《现代法学》2016 年第 3 期。

义务。[1] 也就是说，网络服务运营商在被告知其所运营的网络平台或应用程序之上存在侵权内容之后，应立即将相关内容从网络平台或应用程序上删除。只要网络服务运营商有效履行了这一被动的“通知—删除”义务，便免于承担间接侵权的赔偿责任。这也是网络服务运营商在用户自由表达内容的知识产权合规审查中所享用的“避风港”。[2] 在实践中，对于网络服务运营商进行被动性知识产权合规审查的注意义务的程度，还应根据网络的服务类型、行为类型以及权利客体类型等具体情况展开综合考虑。[3]

2. 平台主导产业运营的知识产权合规难题

数字技术的应用在催生新媒体产业发展的同时也促使内容从产品再到产业，实现真正的规模化。[4] 尤其是在在线网络平台及相关应用程序不断推广的发展趋势下，不仅使每一个网络用户有机会成为生成线上传播内容的创作主体，也带来了一系列由网络平台所主导的内容产业的繁荣发展，涉及数字音乐、网络游戏、在线直播等诸多全新商业模式。例如，广大网络用户可以在 QQ 音乐、网易云音乐等在线音乐平台获取数字音乐资源，广大网络用户也可以在斗鱼、抖音等在线直播平台观看直播节目、参与网络直播带货等。无独有偶，随着网络平台主导产业运营模式的日渐增多，相应的知识产权合规难题也应运而生。其中，数字音乐

---

〔1〕 参见涂龙科：《网络内容管理义务与网络服务提供者的刑事责任》，载《法学评论》2016 年第 3 期。

〔2〕 参见王迁：《〈信息网络传播权保护条例〉中“避风港”规则的效力》，载《法学》2010 年第 6 期。

〔3〕 参见司晓：《网络服务提供者知识产权注意义务的设定》，载《法律科学（西北政法大学学报）》2018 年第 1 期。

〔4〕 参见刘珊、黄升民：《再论内容产业：趋势与突破》，载《现代传播（中国传媒大学学报）》2017 年第 5 期。

付费机制下个别平台主导的网络独家许可模式，以及网络在线直播中体育赛事节目与网络游戏画面的保护模式选择无疑是当前我国网络内容产业知识产权合规中亟待解决的热点、难点问题。

首先，在网络音乐产业中，之所以会出现个别平台主导的网络独家许可模式，是因为相关网络平台在产业利益驱动下主导了产业运营行为。虽说这种网络独家许可模式对防止上游音乐版权法律保护不足有积极效用，但却往往会带来下游网络音乐传播的市场垄断，不利于网络音乐产业的持续健康发展。[1] 进而言之，在网络音乐独家许可模式下，网络音乐曲库由个别网络音乐平台所掌控，无论是网络音乐版权方收取使用费，还是广大网络用户获取数字音乐资源，都必须依赖于相关网络音乐平台。一旦网络平台为获取利益利用自身的垄断地位对上游的版权方与下游的消费者展开双重压榨，则势必造成网络音乐版权产业运营的市场失灵。[2] 因此，要想化解这一难题，不仅要运用反垄断法对相关行为予以规制，更要从知识产权法律制度本身展开版权法定许可与集体管理层面的制度创新，以适应网络音乐产业的发展需要。[3]

其次，在网络直播产业中，之所以会产生体育赛事节目与网络游戏画面的保护模式争议，是因为在全新的网络直播机制中人们对于体育赛事节目与网络游戏画面知识产权法律属性仍存在较大争议。从新浪网诉凤凰网体育赛事转播案开始，有关体育赛

---

〔1〕 参见龙俊：《数字音乐版权独家授权的竞争风险及其规制方法》，载《华中科技大学学报（社会科学版）》2020 年第 2 期。

〔2〕 参见熊文聪：《在线音乐独家版权的困局与出路》，载《竞争政策研究》2018 年第 5 期。

〔3〕 参见李陶：《我国网络音乐独家许可的运行逻辑与完善策略》，载《法学》2021 年第 6 期。

事直播节目或者直播画面的知识产权保护讨论不绝于耳,体育赛事直播节目或者直播画面到底是否具备独创性、是否能够成为受到著作权法保护的独创表达,理论界与实务界议论纷纷,未有定论。[1] 与此同时,对于网络游戏直播画面的知识产权保护问题,也存在巨大的理论争议。网络游戏直播画面是否具备独创性、是否能够成为受到著作权法保护的独创表达同样是困扰司法实践的重要难题。[2] 除此之外,还需要特别关注的是,当前抖音、快手等短视频直播兴起所引发的短视频知识产权保护问题。虽说短视频的时长及艺术价值的高低跟短视频是否属于作品及是否满足原创性标准无关,但对短视频的知识产权保护来说,视听作品独创性判断标准的灵活应用则是无法绕开的实践难题。[3] 因此,可以说,网络直播产业中的知识产权合规难题是由直播内容的法律认定争议所引起,要想化解这一难题,也必须从知识产权制度的基本规范出发,对相关网络直播内容的法律属性展开进一步的分析与探讨。

---

〔1〕 相关论述,参见徐小奔:《论体育赛事节目独创性之所在——兼评"新浪诉凤凰网体育赛事转播案"》,载《中国版权》2016 年第 3 期;王迁:《论体育赛事现场直播画面的著作权保护——兼评"凤凰网赛事转播案"》,载《法律科学(西北政法大学学报)》2016 年第 1 期;赵双阁、艾岚:《体育赛事网络实时转播法律保护困境及其对策研究》,载《法律科学(西北政法大学学报)》2018 年第 4 期;李陶:《体育赛事举办者转播权的私法保护》,载《清华法学》2020 年第 5 期。

〔2〕 相关论述,参见焦和平:《网络游戏在线直播画面的作品属性再研究》,载《当代法学》2018 年第 5 期;丛立先:《网络游戏直播画面的可版权性与版权归属》,载《法学杂志》2020 年第 6 期;冯晓青:《网络游戏直播画面的作品属性及其相关著作权问题研究》,载《知识产权》2017 年第 1 期;崔国斌:《认真对待游戏著作权》,载《知识产权》2016 年第 2 期。

〔3〕 相关论述,参见李琛:《短视频产业著作权问题的制度回应》,载《出版发行研究》2019 年第 4 期;卢海君:《短视频的〈著作权法〉地位》,载《中国出版》2019 年第 5 期;孙山:《短视频的独创性与著作权法保护的路径》,载《知识产权》2019 年第 4 期。

（二）网络平台内容产业知识产权合规难题的应对举措

通过对网络平台内容产业知识产权合规难题的大致梳理可以发现，网络内容产业由用户自由表达和平台主导运营两种模式分别带来相应的知识产权问题。其中，在用户自由表达的情况下，知识产权合规难题源于用户创作内容的产权归属与保护层面的模糊不清；在平台主导运营的情况下，知识产权合规难题则在于内容产业知识产权认定与保护层面的争议重重。虽然在不同模式中所呈现出的知识产权合规难题有所差异，但聚焦到网络平台或应用程序的相关内容之上的知识产权问题并无本质差异，主要是相关内容是否具有独创性，能否成为知识产权法所保护的适格客体，以及如何对相关内容展开知识产权的权利配置与法律保护的问题。因而，有必要以网络平台或应用程序的相关内容本身为基础，对在其中的知识产权合规难题予以问题本质层面的分类讨论。这是因为对事物本质的探究实质上就是一种类型学的思考。[1] 而且，对于一个问题的合理的分类既能把已有知识条理化，也有助于生成新的知识。[2] 就网络平台内容产业知识产权合规难题而言，问题的本质即是内容本身的知识产权制度因应。由此，以网络平台或应用程序中相关内容的形成机制为标准，便可将网络平台内容产业知识产权合规难题划分为网络原创内容的知识产权合规问题和网络二次创作内容的知识产权合规问题。在此基础上，为实现对网络平台内容产业知识产权合规难题的有效应对，应分别从网络原创内容的知识产权合规问题和网络二次

---

〔1〕 参见［德］卡尔·拉伦茨：《法学方法论》，陈爱娥译，商务印书馆2003年版，第347页。

〔2〕 参见［法］E.迪尔凯姆：《社会学方法的准则》，狄玉明译，商务印书馆1995年版，第92－98页。

创作内容的知识产权合规问题两个层面展开分析，探究网络原创内容和二次创作内容的知识产权合规策略，确保网络平台内容产业的有序运转与健康发展。

1. 网络原创内容的知识产权合规策略

网络原创内容是指网络平台或应用程序之上所呈现的原创性的相关内容，其中既包含网络用户自主创作并上传至网络平台或应用程序之上的相关内容，也涉及网络服务运营商主动上传网络平台或应用程序之上供网络用户浏览及获取的相关内容。对网络原创内容的知识产权合规考量，主要在于对用户自主创作内容知识产权客体属性的确认和主体归属的明确，以及对网络服务运营商上传内容知识产权使用范围的许可和使用费用的转付。有鉴于此，为有效建构起网络原创内容的知识产权合规策略，有必要从上述两个层面入手，展开进一步的分析与探讨。

具体说来，对于网络用户自主原创内容的知识产权合规判断，首先应从用户所创作的具体内容出发，进行独创性的法律评判，以确定相关内容能否成为著作权法所保护的作品。[1] 事实上，无论是传统意义上由文字、影像所组成的思想表达，还是网络环境下网络用户在相关平台上自由表达的内容，都是一种具有精神功能的符号组合，并由存量要素和增量要素构成，只有相关表达中存在一定的增量要素，这一表达才是著作权法所保护的独创性表达。[2] 因而，对于网络用户自主创作内容的独创性判断，也应以内容中是否存在相应的增量要素来具体展开。在此基础上，如若确定了网络用户自主原创内容的作品属性，还需根据网络用户将原创内容上传至网络平台或相关应用程序时所作出的意思

---

〔1〕 参见郑成思：《版权法》，中国人民大学出版社 2009 年版，第 55 页。

〔2〕 参见王坤：《论作品的独创性——以对作品概念的科学建构为分析起点》，载《知识产权》2014 年第 4 期。

表示，明确相关内容的知识产权归属以及网络用户授权网络服务运营商对于相关内容的传播范畴与使用范围。与此同时，网络服务运营商也应对用户上传至平台的相关原创内容进行必要的知识产权合规考察，并以被动性的“通知—删除”机制对可能存在的网络知识产权侵权予以制止。[1]

对于网络平台上传原创内容的知识产权合规考察，须根据网络服务运营商与数字音乐、在线影像、直播节目等相关内容的知识产权人所达成的内容使用协议，确定相关内容的许可使用范围以及使用费支付的标准与方式。易言之，在网络平台所主导的内容产业运营中，需要进行合规考量的对象事实上就是网络服务运营商与相关内容知识产权人所达成的内容使用协议的合法性与合理性。在具体的实践中，为确保相关知识产权许可使用协议订立的公平正义，应将诚实信用原则作为网络服务运营商与相关内容知识产权人的基本行为准则。这是因为在知识产权许可使用协议中出现的不公平、不合理的情形，在很大程度上也是由于当事人在知识产权交易中对于诚实信用要求的背离。在网络服务运营商与相关内容知识产权人签订许可使用协议过程中，不仅应要求知识产权人对其权利的让与或权利使用权能的许可应是在自由意志支配下作出的，网络服务运营商支付对价的行为也应是在自由意志支配下作出的，[2]还应要求双方坚守最基本的诚实信用理念，实现许可使用协议的公正缔结，并诚信地履行契约义务。除此之外，在这一过程中尤其要防止网络服务运营商滥用其在缔约过程中的优势地位，作出有违诚信的不当行为，以充分保证网络平台上传原创内容的知识产权合规。[3]

---

〔1〕 参见李扬、陈铄：《“通知删除”规则的再检讨》，载《知识产权》2020 年第 1 期。

〔2〕 参见易军：《法律行为制度的伦理基础》，载《中国社会科学》2004 年第 6 期。

〔3〕 参见王洪亮：《债法总论》，北京大学出版社 2016 年版，第 83 – 85 页。

2. 网络二次创作内容的知识产权合规策略

网络二次创作内容是指网络平台或应用程序之上所呈现的利用现有资源进行二次创作所形成的相关内容。在网络内容产业运行实践中,无论是在用户自由表达模式里,还是在平台主导运营模式里,都会存在利用现有资源进行二次创作所形成的相关内容。对网络二次创作内容的知识产权合规考量,主要在于二次创作所形成的相关内容与其所利用现有资源之间的知识产权的权利冲突与协调。换言之,只要能够处理好二次创作所形成的相关内容与其所利用现有资源之间关系,便可确保网络二次创作内容的知识产权合规。这一关系的处理不仅要保证二次创作内容本身是一种符合知识产权法律规定的独创性表达,还必须保证对于现有资源的利用是在合理的范围内,并获得了在先权利人的使用许可。

具体来说,对网络二次创作内容的知识产权合规,首先要进行的是对相关内容独创性的判断。要特别注意的是,对于现有资源的二次创作不等于简单的资源"搬运",这一问题在短视频直播平台中表现得尤为突出。简单的"视频搬运"行为,并不是一种二次创作。而且,随着短视频制作开始以经济目标为导向,这种"视频搬运"行为的合法性应被予以更为深入的考量。[1] 因而,对于网络二次创作内容独创性的判断,应通过二次创作内容与现有资源的比对来具体评定和综合考虑,并将"以二次创作之名,行作品剽窃之实"的知识产权侵权行为有效排除。但是,在实践中,这一判断却并非易事,不同的作品类型、不同创作模式往往会带来纷繁复杂的现实情况,没有一项统一、明确的标准能够被适用。要想有效化解这一难题,需要二次创作人、现有资源知识产权人、网

---

〔1〕 参见熊琦:《"视频搬运"现象的著作权法应对》,载《知识产权》2021 年第 7 期。

络服务运营商等多方主体的共同努力，不仅要加强对于网络平台的监管力度，更应提升相关主体的知识产权意识，营造尊重知识产权、保护知识产权的良好社会氛围。[1]

在合理判断网络二次创作内容独创性的基础上，还需要对二次创作内容与其所利用的现有资源之间的关系予以特别关注，有效处理二次创作内容知识产权与在先权利之间的矛盾，协调二次创作人与原始权利人之间的利益冲突，避免出现知识产权侵权行为。在具体实践中，为化解二次创作内容与其所利用现有资源之间的权利纷争，应从二次创作内容对于现有资源利用的程度以及二次创作内容的网络传播范围入手，判断相关二次创作行为是否能够构成对于现有资源的合理使用。[2] 如若这一二次创作行为符合合理使用的构成要件，即意味着该二次创作是对现有资源的适当引用，是一种合法的利用。如若这一二次创作行为不符合合理使用的构成要件，则需要考察二次创作人开展相关的创作行为以及二次创作内容上传至网络平台的行为是否获得的原始权利人的许可并支付了合理的使用费。如果二次创作人已取得使用许可并支付相应的使用费，其二次创作行为即是有合法依据的；如果二次创作人在没有获得原始权利人许可的情况下私自进行二次创作，则无疑会构成对原始权利人的知识产权侵权。因此，为确保网络二次创作内容的知识产权合规，二次创作人应在网络服务运营商以及相关集体管理组织的协助下，积极获取原始权利人的使用许可，并给予合理的使用费，以有效的权益协商配置实现各方主体之间的利益平衡，消除相关二次创作内容网络传播中

[1] 参见卞娜娜、王鹏飞：《二次创作版权问题探讨》，载《中国编辑》2019 年第 6 期。
[2] 参见董天策、邵铄岚：《关于平衡保护二次创作和著作权的思考——从电影解说短视频博主谷阿莫被告侵权案谈起》，载《出版发行研究》2018 年第 10 期。

的法律风险。[1]

二、云计算服务产业运营的知识产权合规难题与应对策略

云计算平台的复合技术框架与糅合服务模式,使其在知识产权间接侵权责任的认定过程中的面临着严峻的挑战。实践中,对于知识产权间接侵权责任认定大多集中于传统的网络服务平台的运营活动,并在长期的法律探索过程中形成了相对成熟的"避风港"规则。在这一规则下,网络服务平台作为中立的信息传播者在收到被侵权人的通知后,应当及时采取移除信息等合理措施遏制侵权,如若网络服务平台没有尽到相应"善良管理人"义务,则须对侵权人的直接侵权行为承担间接责任。[2] 但是,对于云计算平台而言,由于法律范畴与技术效果的限制,并不能有效适用"避风港"规则展开知识产权间接侵权的责任认定。为此,有必要从云计算平台基本运行架构出发,厘清云计算平台间接侵权责任认定的实践难题,并通过对相关典型案例的分析阐释,发掘云计算平台间接侵权评判实践中存在的理论争议,从而为云计算平台知识产权间接侵权责任认定问题的有效解决提供专门化的制度安排。

(一)云计算平台复杂运行架构及其所引发的实践难题

云计算作为网络提供计算资源加持下的一种效用服务,旨在通过全面、系统的底层结构与基础设施建构以降低网络维护的运营成本,并根据平台用户的需求规模为其提供易扩展的个性化云

---

〔1〕 参见唐艳:《论二次创作的著作权法规制与保障》,载《知识产权》2016 年第 11 期。

〔2〕 参见吴汉东:《论网络服务提供者的著作权侵权责任》,载《中国法学》2011 年第 2 期。

服务。[1] 在云计算技术的支持下,网络服务的集约化、共享化程度不断增强,各个领域、各个行业中的生产经营者可以直接通过云计算平台购买或租用涉及数据存储、数据传输、数据处理等在内的网络设施及相关服务,而不必专门去运营自己的网络系统,既有效地节约了生产经营的成本,也使网络资源得以充分利用。但是,一系列的实践挑战也随之而来:云计算平台的复合性技术框架与糅合性服务模式直接引发了知识产权间接侵权责任的认定难题。由于制度设计的局限性,现行认定网络服务平台知识产权间接侵权责任的"避风港"规则并没有将云计算平台有效纳入规制范围之中,这无疑进一步加剧了云计算平台知识产权间接侵权责任的认定难度。对此,我们应从云计算平台的复杂运行架构出发,厘清"避风港"规则在云计算场景下所面临的现实挑战,从而为云计算平台知识产权间接侵权责任认定机制的完善与优化提供明确的问题指向。

1. 云计算平台的复合技术框架与糅合服务模式

云计算平台的构想由亚马逊、谷歌等美国互联网公司于21世初率先提出,并随着数据存储、传输与处理技术的强化,以及相关底层结构和基础设施的搭建,逐步形成了以亚马逊网络服务和谷歌应用引擎等为代表的云计算服务产品,为客户提供涉及云服务器、云存储空间、机器学习等在内的云计算服务,以集约化的运营机制实现网络资源的动态扩展与合理共享。无独有偶,在数字经济蓬勃发展的时代背景下,我国互联网企业也纷纷投入云计算平台的开发与运营之中,从致力于以在线公共服务方式提供安全计算和数据处理的"阿里云",到为企业提供全生命周期的"一站

〔1〕 参见杨青峰:《云计算时代关键技术预测与战略选择》,载《中国科学院院刊》2015年第2期。

式"上云服务及多场景的全栈解决方案的"腾讯云",再到立足于基础资源全局覆盖及产品矩阵和场景案例全面铺开的"百度智能云",产生了一系列结构设计合理、运营效果良好的云计算平台。[1]

国内外各个互联网企业在不同的服务理念下建构出了各具特色的云计算平台,并以多层级的运行架构提供着个性化的定制服务。相比于传统的网络平台,云计算平台所提供的服务产品无疑更为综合,也更为系统,但这也意味着云计算平台的运营需要更加复杂的技术框架作为支撑和更加全面的服务模式作为保障。进而言之,云计算平台之上的服务产品根据国家标准《信息安全技术　云计算服务安全指南》(GB/T 31167—2014)和《信息安全技术　云计算服务安全能力要求》(GB/T 31168—2014)的规定,可以划分为"基础设施即服务"(Infrastructure as a Service,IaaS)、"平台即服务"(Platform as a Service,PaaS)、"软件即服务"(Software as a Service,SaaS)三个层级。具体如图3-2所示:在IaaS服务框架下,云计算平台仅提供机房基础设施、计算机网络、硬盘柜、服务器和虚拟机等基础设施层的服务,操作系统、数据库、中间件和运行库、应用软件和数据信息等具体内容需客户自己安装和管理;在PaaS服务框架下,云计算平台在基础设施层服务的基础上,还提供操作系统、数据库、中间件和运行库等平台软件层的服务,具体的应用软件和数据信息由客户自己设置和管理;在SaaS服务框架下,云计算平台在基础设施层和平台软件层服务的基础上,还进一步提供应用软件层的服务,客户只需自己选择和管理数据信息即可。

---

[1] 参见张纪元:《我国云计算市场特点》,载《通信企业管理》2022年第3期。

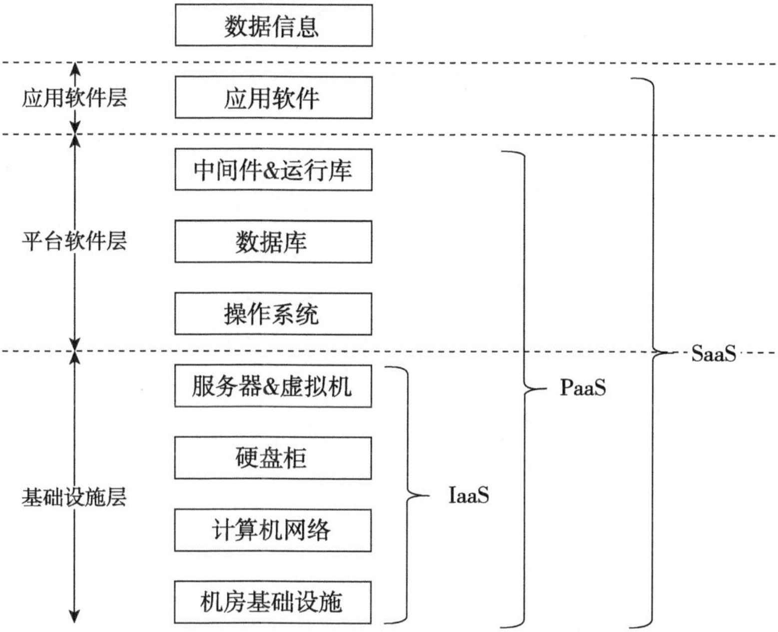

图3-2　云计算平台服务层级分类

由此，不难发现，从 IaaS 到 PaaS 再到 SaaS，云计算平台所提供的服务内容是不断增多的，其对于云上数据的控制权随之增大，而客户的控制权与灵活度则随之减小。但必须要格外注意的是，即使是在云计算平台掌控程度最低的 IaaS 服务框架之上，云计算平台依旧可以形成对客户数据信息的物理控制，这是因为云计算平台往往会将客户数据存储在多个物理设备集上，甚至可能会在不同的数据中心，客户在终端的数据处置并无法完全消除数据信息在云上的存储痕迹，其所改变的只是包含了数据集碎片指引地址的元数据“指针”，而实际数据则不断地被相同或不同用户写入的新数据所覆盖。[1] 基于此，云计算平台对于数据信息的监管责任与安全保障义务也势必会因 IaaS、PaaS 及 SaaS 等不同服务框架下服务产品的不同而有所差异。不仅如此，在云计算平台为客户提供定制化、个性化服务的实践中，IaaS、PaaS 及 SaaS 三种服务层级之间的界限日渐模糊，并呈现出相互糅合的服务模式，而这无疑也会使云计算平台与客户之间形成更为多元、更为复杂的法律关系，随之而来的法律风险则势必会更为严峻。

2. 云计算平台适用"避风港"规则的现实困境

"避风港"规则发轫于 20 世纪末《美国千禧年数字版权法》对于网络平台知识产权间接侵权责任的限定。在推动互联网产业发展的核心目标下，《美国千禧年数字版权法》对网络平台采取了相对包容的态度，其不需要主动承担用户上传资源合法性的审查义务，仅需在接到被侵权人通知后及时采取措施移除相关内容，以避免侵权影响扩大。[2] 我国 2006 年出台的《信息网络传播权保护条例》(以下简称《信网条例》)将这一规则引入，并在初步形成的"通知—移除"制度框架下对规则适用的主体进行了明确界定，但云计算平台未能被完全纳入规则的规制范围。不仅如此，由于云计算平台自身运行过程中的技术伦理限制及其对客户权益的保障义务的限制，云计算平台无法在接到被侵权人的通知后对客户的云端数据资料进行直接处置，而须将侵权事项转通知其客户，并由相关客户对涉事数据资料予以处理。虽说我国原《侵权责任法》2009 年修订后设置的互联网专条中已将"避风港"规则由"通知—移除"优化为"通知—必要措施"，2021 年正式实施

〔1〕 参见[英]克里斯托弗·米勒德:《云计算法律》，陈媛媛译，法律出版社 2019 年版，第 35-40 页。

〔2〕 See Donald P. Harris, *Time to Reboot*: *DMCA* 2.0, 47 Arizona State Law Journal 801-855 (2015).

的《民法典》也在侵权责任编中继续沿用了“通知—必要措施”的制度框架，但实践中却存在云计算平台的“转通知”举措是否属于“避风港”规则中“必要措施”的激烈争论，严重影响“避风港”规则在云计算平台知识产权间接侵权责任认定过程中的适用。

（1）云计算平台不完全属于适用“避风港”规则的适格主体

作为网络平台知识产权间接侵权认定的重要机制，“避风港”规则在适用中是有明确范围界定的。云计算平台由于其自身的复合技术框架与糅合服务模式，往往并不能成为“避风港”规则的适格主体。从《信网条例》最初的规则引入，到原《侵权责任法》及《民法典》侵权责任编对规则架构的优化调整，“避风港”规则在我国的规范内涵日渐丰富、体系框架日臻完善，但对于“避风港”规则的主体限定并未与时俱进，仍旧适用我国《信网条例》的原始设定。根据《信网条例》第 20～23 条的规定，作为“避风港”规则适用主体的“网络服务提供者”涉及网络接入与信息传输通道服务提供者、系统缓存服务提供者、信息存储空间服务提供者、信息定位服务提供者四种类型。毋庸置疑，《信网条例》对于“网络服务提供者”的分类界定是与当时互联网产业的发展水平相契合的，保证了“避风港”规则在我国的有效适用。但是，随着互联网产业持续不断地创新发展，以云计算为代表的新型平台运营机制与服务产品类型不断涌现，原有以《信网条例》下“网络服务提供者”为适用主体限定的“避风港”规则并不能满足现实需要。就云计算平台而言，其复合的技术框架与糅合的服务模式往往并不能被有效归入网络接入与信息传输通道服务提供者、系统缓存服务提供者、信息存储空间服务提供者、信息定位服务提供者中的任何一类或者其中几类之中，云计算平台的运营模式与服务内容在很多情况下甚至是超出《信网条例》所设定的“网络服务提供者”范畴的，由此便产生了云计算平台不完全属于适用“避风港”规则的适格主体的制度实施阻碍。[1]

(2)云计算平台无法有效实施“避风港”规则所要求“必要措施”

在“避风港”规则“通知—必要措施”的制度实践中，“必要措施”通常被理解为“删除、屏蔽、断开链接”等具体举措。但是，云计算平台虽然在很大程度上控制着客户数据信息的存储位置与运行进路，但无论是 IaaS 服务机制、PaaS 服务机制，还是 SaaS 服务机制，云计算平台在技术伦理的限制下和用户协议的制约下，都无法实现对客户数据信息的绝对干预。因而在云计算平台接到被侵权人的“通知”之后，也就不具备直接实施对客户数据信息予以删除及违背用户协议屏蔽、断开客户服务链接的权限，进而无法实现对于“通知—必要措施”制度框架下删除、屏蔽、断开链接等通常意义“必要措施”的履行。当然，这并不意味着云计算平台面对云上的知识产权侵权行为是无计可施的，云计算平台可以将其所接到侵权的“通知”转通知给上传数据的客户，并由其客户实施删除、屏蔽、断开链接的必要措施。但是，在我国“避风港”规则的制度架构内，“转通知”事实上应当被归入“通知”的范畴，并不成为“必要措施”的内容，即使是将“转通知”作为“通知”与“必要措施”之间的特别环节，其依旧应当是独立于“必要措施”的前置程序。[2] 由此，一个新的问题也随之产生，那便是云计算平台在自身权限范畴内无法有效实施删除、屏蔽、断开链接等必要措施情况下，能否突破现行“避风港”规则“通知—必要措施”的制度

[1] 参见蔡元臻、白睿成：《云计算服务平台适用避风港规则的局限性及其破解》，载《知识产权》2020 年第 4 期。

[2] 参见熊琦：《著作权法“通知—必要措施”义务的比较经验与本土特色》，载《苏州大学学报(法学版)》2022 年第 1 期。

架构,以“转通知”行为为基准认定云计算平台已经尽到“善良管理人”的注意义务,抑或对现行“避风港”规则中“必要措施”的内涵予以丰富,在删除、屏蔽、断开链接等传统“必要措施”之外增加能够符合云计算平台权限要求的新举措,并以此为基础,保证适用“避风港”规则在云计算场景下的充分适用,实现对云计算平台知识产权间接侵权责任的合理判定。

(二)云计算平台间接侵权责任认定机制的专门化建构

云计算平台的复合技术框架与糅合服务模式,致使知识产权间接侵权评判中存在主体不适格、现行“必要措施”无法实施等影响“避风港”规则有效适用的现实困境。诚然,这并不意味着云计算平台的知识产权间接侵权评判是完全不能适用“避风港”规则的。在实践中,诸多涉及云平台知识产权间接侵权认定的司法案例仍然是遵循“避风港”规则的评判路径做出的。鉴于此,为化解云计算平台知识产权间接侵权责任认定的实践难题,应立足云计算平台的技术架构与运营模式,明确其在相关网络服务中所处的角色地位,厘清云计算平台知识产权间接侵权责任认定的合理注意义务标准,并在此基础上,对现行“避风港”规则予以优化完善,专门创设出契合云计算平台需要的新型“避风港”机制,从而为云计算平台知识产权间接侵权的高效评判提供充分的法律依据与完备的法律程序,实现云计算平台知识产权间接侵权责任的合理认定。

1. 明确云计算平台间接侵权责任认定的合理注意义务标准

在“避风港”规则下,网络服务提供者对于网络平台上发生的知识产权侵权行为应尽到“善良管理人”的合理注意义务。事实上,“避风港”规则“通知—必要措施”运行架构中的这种合理注意义务标准是以网络服务提供者的技术中立为基础的,为保障服务效率以及避免对技术发展的过渡干预，并不要求网络服务提供者对网络平台上的相关内容进行主动的事前审查，而是要求其接到“通知”后再及时采取“必要措施”予以被动的事后遏制。[1] 之所以“避风港”规则会在网络服务提供者的合理注意义务标准下，采取对于侵权行为被动的事后遏制，是因为网络平台上承载着海量的信息，要求网络服务提供者对它们进行主动的事前审查是不现实的，不仅会对网络服务提供者造成过重的负担，影响互联网产业的发展，还将侵害公众的言论自由和隐私。[2] 在此基础上，网络服务提供者的合理注意义务，往往也会因服务内容与类型的不同而有所差异，通常网络服务提供者对内容的识别和控制能力越强，其注意义务就越高。[3] 因此，云计算平台以其自身的技术架构与运营模式为基础，结合 IaaS、PaaS、SaaS 服务机制等云计算服务中平台对于客户数据信息的识别和控制能力，形成合理的注意义务标准，为“避风港”规则在云计算场景下的有效适用创造条件。

此外，必须要格外注意的是，为严厉打击网络环境下的知识产权侵权行为，在“避风港”规则合理注意义务下“通知—必要措施”被动事后遏制模式的主导地位发生动摇。最近出台的《欧盟数字单一市场版权指令》中引入了会对互联网版权侵权责任制度与避风港制度产生颠覆性影响的强制性过滤机制，将发现侵权内容的责任由权利人改成了网络服务提供者，使网络服务提供者合理注意义务下对于直接侵权行为的被动事后遏制转变为专业注

---

〔1〕 See Byan E. Arsham, *Monetizing Infringement: A New Legal Regime for Hosts of User – Generated Content*, 101 Georgetown Law Journal 775 – 805 (2013).

〔2〕 参见刘文杰：《网络服务提供者的安全保障义务》，载《中外法学》2012 年第 2 期。

〔3〕 参见司晓：《网络服务提供者知识产权注意义务的设定》，载《法律科学（西北政法大学学报）》2018 年第 1 期。

意义务下对于直接侵权行为的主动事前审查。[1] 诚然,在当前网络筛查技术措施的支持下,网络服务提供者并不需要投入过多的人力进行事前审查,以尽到专业注意义务,但不容否认的是,先进的技术措施也势必意味着高昂的运营成本,这并不是所有网络服务提供者都能够承担的。[2] 不仅如此,通过一般的过滤审查技术措施也很难对具有较高技术含量的专利侵权内容进行有效排查,即便应用了人工审查的方式,由于专利侵权的复杂性和专业性,一般人也很难理解是否存在专利侵权内容。[3] 具体到云计算场景下,相关挑战无疑会更加严峻,无论是 IaaS 服务机制、PaaS 服务机制,还是 SaaS 服务机制,云计算平台都没有权限对客户数据进行直接干预。而且,云计算平台服务客户经营范围的广泛性会在不同的领域中有不同的商业模式并产生不同的需求,这无疑远远超出了当前一般性技术措施的过滤审查能力。[4] 除此之外,平台数据信息存储的分散化与碎片性也使合理成本范围内的一般的过滤审查技术措施难以胜任。一旦技术措施出现运行失灵,则势必会对客户利益产生严重损害,甚至影响云计算平台的有序运行,危及云端数据安全。

总而言之,对于云计算平台而言,"避风港"规则所形成的合理注意义务标准的最大优势,在于能够在保障自身高效运行的同时实现遏制知识产权侵权并豁免侵权责任的目标,但这种事后的

---

〔1〕 参见万勇:《著作权法强制性过滤机制的中国选择》,载《法商研究》2021 年第 6 期。

〔2〕 参见马忠法、谢迪扬:《论"通知—移除"规则中网络服务平台的法律责任》,载《上海财经大学学报》2019 年第 6 期。

〔3〕 参见徐实:《美国网络平台承担知识产权间接侵权责任的经验与启示》,载《北方法学》2018 年第 5 期。

〔4〕 See Emanuela Arezzo, Gustavo Ghidini, *Biotechnology and Software Patent Law*, Edward Elgar Publishing Limited, 2011, p. 9 – 10.

被动性举措从某种程度上无疑是对侵权行为的一种暂时性放任。《欧盟数字单一市场版权指令》所引入的强制性过滤机制虽然能够更加有效地实现对于权利人的保护，但从被动性的事后遏制向主动性的事前审查的模式转变，则势必会使包括云计算平台等新型主体在内的所有网络服务平台的注意义务提升到专业化的精细水准，而注意义务的这种大幅度提高，会给一般的网络服务提供者带来巨大的运营成本，并进一步形成市场准入要求急剧升高的不良影响。对于本身即由互联网巨头把控的云计算服务而言，则很可能会使产生更加严重的市场垄断后果，制约云计算技术的持续创新与云计算产业的健康发展。[1] 因此，在云计算平台知识产权间接侵权责任认定的专门机制构建过程中，应首先明确云计算平台在“避风港”规则“通知—必要措施”运行架构下以产业发展状况为基础的“一般经营者”的合理注意义务标准，而不能仅仅从权利人知识产权保护的需要出发，片面地提高注意义务标准而忽视制度运行中各方利益的合理平衡，使云计算平台负担与其技术属性、商业模式不相适应的专业注意义务，对云计算产业的高效运营与繁荣发展造成制度层面的壁垒与阻碍。[2]

2. 创设云计算平台间接侵权责任认定的新型“避风港”机制

为实现“避风港”规则在云计算场景下的有效适用，不仅应在知识产权间接侵权责任认定过程中明确云计算平台的合理注意义务标准，还应从具体的制度架构出发，对“避风港”规则中的“通知”与“必要措施”要件进行云计算场景下的内涵阐释，并在此基础上，从运转程序精细化设计着手，建构起与云计算平台相契合

[1] 参见[美]理查德·波斯纳：《法律的经济分析（第七版）》（中文第2版），蒋兆康译，法律出版社2012年版，第404页。

[2] 参见梁志文：《网络服务提供者的版权法规制模式》，载《法律科学（西北政法大学学报）》2017年第2期。

的新型“避风港”机制。唯有如此,才能真正破解云计算平台知识产权间接侵权责任认定的实践难题,从而保证云计算平台的有序运营与健康发展。

(1)云计算场景下“通知”与“必要措施”的内涵阐释

经过十余年的探索与实践,我国“避风港”规则逐步形成了“通知—必要措施”的运行架构,并在网络服务提供者知识产权间接侵权责任的认定中发挥着重要作用。但随着技术框架复合化与服务模式糅合化的云计算平台等新型网络服务提供者的出现,“避风港”规则下“通知”与“必要措施”传统概念边界被逐步突破,极大地提升了知识产权间接侵权的司法判定的难度。虽然在以“阿里云计算公司与北京乐动卓越科技公司著作权权属、侵权纠纷案”(以下简称“阿里云案”)为代表的司法实践中,已经开始了云计算等新型网络服务场景下的“避风港”规则适用,但对于“通知”与“必要措施”在云计算平台知识产权间接侵权责任认定中的具体内涵并未形成统一认识。为此,有必要从云计算场景出发,展开相关要件的概念阐释与边界勘定,以保证“避风港”机制在云计算平台知识产权间接侵权判定中的有效适用。具体说来,在云计算场景下“避风港”规则的“通知”要件,不仅包含权利人在发现云端侵权行为后向云计算平台发出的“通知”,还涉及云计算平台在接到被侵权人“通知”后向其客户做出的“转通知”。其中,对于权利人的“通知”要件,云计算平台和传统网络服务平台并无二致,即要求权利人应根据知识产权受到侵害的实际情况向平台发出“通知”,而不能以虚假事实进行投诉,或恶意利用“通知”机制进行交易牟利、扰乱竞争秩序;[1]而“转通知”则是云计算平台

〔1〕 参见孔祥俊、毕文轩:《电子商务平台知识产权恶意投诉的规制困境及其化解——以2018—2020年已决案例为样本的分析》,载《山东大学学报(哲学社会科学版)》2022年第1期。

在"避风港"规则架构下实现知识产权间接侵权责任豁免的重要举措,前文论及的"阿里云案"曾尝试将其扩展至云计算平台的"必要措施"范畴,但由于理论与实务层面的巨大争议,我国《民法典》已将其界定为独立于"必要措施"之外的前置程序,成为权利人的"通知"行为在云计算场景下的后续延展。[1] 如此一来,在云计算平台受到技术伦理的限制与用户协议的制约,无法直接实施"删除、屏蔽、断开链接"等通常意义上的"必要措施"的情况下,便进一步产生了除"转通知"举措以外云计算平台应在针对侵权"通知"实施何种"必要措施"的棘手问题。对此,在具体的云计算平台知识产权间接侵权判定实践中,应立足复杂的云计算场景,依据比例原则"必要措施"要件进行多样化、体系化的设定,并将其与云计算平台的"转通知"义务相结合,形成云计算平台先经"转通知"警示客户合理期限内处置涉事数据信息,警示无果后再对客户实施"限制服务器传输速度与流量""强行删除服务器内相关数据"乃至"关停服务器"等相对严厉"必要措施"的新型"避风港"运转机制。[2]

(2)云计算场景下新型"避风港"机制的运转程序设计

针对云计算平台的复合技术框架与糅合服务模式,仅从现行"避风港"规则的基本架构下阐释"通知"与"必要措施"的具体内涵是远远不够的,并不能保证云计算场景下知识产权间接侵权评判过程的顺利推进,还须进一步从"转通知""必要措施"等举措实施的流程与步骤出发,以云计算平台对其客户多层次、多回合的"转通知"警示及配套的"必要措施"惩戒为进路,展开云计算场景

---

[1] 参见杨绪东:《网络服务提供者"转通知"义务的适用研究》,载《电子知识产权》2021 年第 3 期。

[2] 参见周园、谭丽玲:《通知删除规则适用之阙如及其完善》,载《科技与法律(中英文)》2021 年第 3 期。

下新型“避风港”机制的运转程序设计，从而为云计算平台知识产权间接侵权责任的合理认定提供有效的实践指引。[1]

为确保云计算平台合理注意义务标准下新型“避风港”机制的有序运行，笔者在充分考量云计算平台复杂运行架构的基础上，结合“通知”与“必要措施”在云计算场景下的具体内涵，进行了新型“避风港”机制运转程序的设计尝试。如图3－3所示，云计算平台应在收到知识产权人发出的适格侵权“通知”24小时内向客户作出第一次“转通知”，并采取在客户服务器页面进行警示标记的初步“必要措施”；如若客户未在24小时内作出有效回应，云计算平台将进行第二次“转通知”，并采取限制客户服务器传输速度与流量的“必要措施”；在此基础上，如若客户依旧未在24小时内作出有效回应，云计算平台将进行第三次“转通知”，并采取强行删除服务器内相关数据及关停服务器等严厉的“必要措施”，待客户就侵权“转通知”予以适当回应后，再对其恢复云计算服务。如此一来，在这样多层次、多回合的运转程序下，云计算平台便可突破自身复杂运行架构的阻碍，实现对“通知—必要措施”机制的有效适用。当然，对于云计算场景下新型“避风港”机制运转的这种程序设计，只是一种制度创新的大胆设想，相关期限设置、措施选择等具体内容则需根据实践需要予以具体设定。此外，为了提升“避风港”机制运转程序的适用效果，在针对云计算平台设置相对完备知识产权间接侵权评判流程的同时，还应在一般规则之下为司法实践留下灵活处理的自由裁量空间，以应对云计算技术与产业持续发展中可能出现的新问题与新挑战。[2]

---

〔1〕 参见蔡元臻、白睿成：《云计算服务平台适用避风港规则的局限性及其破解》，载《知识产权》2020年第4期。

〔2〕 参见刘星：《西窗法雨》，法律出版社2013年版，第101页。

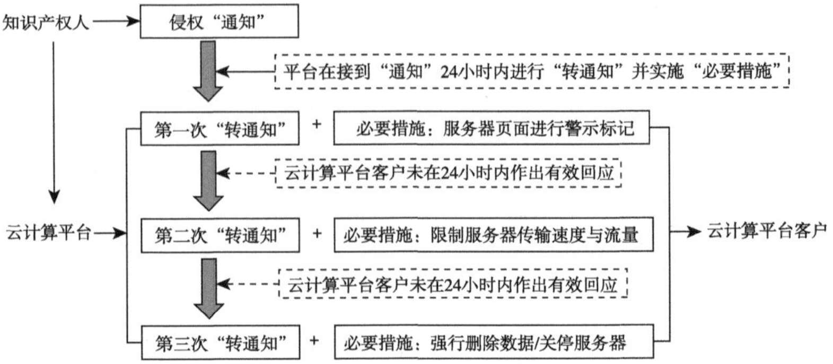

图3-3　云计算平台"避风港"机制的运转程序

本章小结

作为20世纪80年代以来新一轮科技革命的重要代表，数字网络技术对信息传播活动形成了颠覆性的变革，一系列与数字网络技术相关的市场运营新业态也随之应运而生，既涉及传统文化资源的数字化呈现、传统媒体的信息化转变，还包括网络平台及相关应用程序中新兴内容产业的成长与繁荣。但是，必须要注意的是，数字网络新业态发展给人们日常生活带来巨大便利的同时，也诱发了与传统文化资源数字转换及网络平台内容产业发展相关的诸多知识产权法律难题。

在传统文化资源数字转换过程中，由于数字技术对于传统文化资源保存与利用方式的颠覆性改变，一系列的知识产权保护难题随之产生，涉及传统文化资源的数字化保存、网络化传播、市场化发展等诸多层面。如若不能有效应对相关知识产权难题与争议，则势必会对传统文化资源的数字转换与产业运营造成阻碍。为此，应通过厘清数字化文本版权性质并明确其版权归属、理顺网络运营发展路径并限定其传播内容、分类讨论市场发展行为并确立其参与方式等举措,实现知识产权制度对传统文化的创新发展的接纳,推进传统文化资源数字转换新业态的发展。

在网络平台内容产业运营过程中,用户自由表达和平台主导运作是内容生成的两种主要模式。其中,在用户自由表达内容模式下,知识产权合规难题主要体现在网络用户是否对其所上传的在线平台相关内容享有知识产权、网络服务运营商该如何保护相关内容的知识产权,以及出现知识产权侵权问题时网络用户和网络服务运营商之间该怎样分配责任等层面;在平台主导内容运作模式下,知识产权合规难题则在于数字音乐、网络直播等新兴商业模式平台化运营中如何对相关内容进行知识产权保护的问题。为化解网络平台内容产业运营中的知识产权合规难题,应回归内容本质,从其原创及二次创作的生成机制出发,展开具体判断与综合考量,并力求以合理、有效的知识产权保护为网络内容平台化运营新业态的持续发展提供助力。

云计算平台作为新型网络服务提供者,基于自身复合性的技术架构与糅合性的运营模式为客户提供了更加多元化、更具体系化的云服务,但在知识产权间接侵权判定过程中产生了现行"避风港"规则滞后于技术、产业发展的法律难题,不仅云计算平台不完全属于适用"避风港"规则的适格主体,"避风港"规则所要求"必要措施"也无法在云计算场景下有效实施。对此,从知识产权制度的创新本质出发,构建契合云计算平台市场运营的新业态的知识产权间接侵权责任认定机制,从而为云计算技术的持续进步与云计算产业的蓬勃发展提供充分的法律支持与制度保障。[1]

---

〔1〕 参见吴汉东:《知识产权法的制度创新本质与知识创新目标》,载《法学研究》2014 年第 3 期。

目的是一切法律制度与规则的缔造者。[1] 面对数字网络新业态发展的知识产权保护难题,知识产权制度应继续秉承为技术创新、产业升级提供法律支持的基本目标与宗旨,以必要的制度创新及规范调整去适应数字网络新业态的发展需要。随着数字网络技术的不断发展,未来一定会有更多的新型网络平台及商业模式出现,也一定会产生更为多样的知识产权保护难题,但万变不离其宗,知识产权法律制度随创新而生,也势必应创新而变,数字网络新业态的不断涌现会推进知识产权制度的创新变革,同时知识产权制度的创新变革也会为数字网络新业态的持续发展提供充分的法律保障。

---

〔1〕 参见[德]伯恩·魏德士:《法理学》,丁晓春、吴越译,法律出版社2013年版,第57页。

第四章　基因科创新业态知识产权保护的法律挑战及其克服

基因技术作为全球第四次科技革命的典型代表，为生物遗传密码的破解提供了关键的技术支撑，使人们能够从 DNA 分子层面，以具有遗传效应的特定核苷酸序列为基础，认识和改良各种自然界中的生物体，甚至创造新的生物体。[1] 当下，基因技术正逐步由基因定序、分离纯化等基础研究向生物制药、基因治疗等临床应用发展，高昂的资金投入和巨大的市场风险促使人们开启了基因技术知识产权保护的法律尝试。[2] 与此同时，这也引发了社会各界关于能否采用知识产权制度保护基因技术以及如何利用知识产权制度规制基因技术的激烈争论。长期以来，理论界普遍认为基因等生命物质是不能被予以产权化保护的。[3] 但是，随着基因技术等生物技术的商业化程度的不断加深，生命物质不可以产权化保护的理论共识也开始动摇。20 世纪 70 年代，以"种子

---

〔1〕 See Jocelyn E. Krebs, Elliott S. Goldstein, Stephen T. Kilpat - rick, *Lewin's Genes X*, Jones and Bartlett Publishers, 2009, p. 4.

〔2〕 参见李崇僖：《再探基因专利问题：美国经验省思》，载《月旦法学杂志》2014 年第 1 期。

〔3〕 See Graham Dutfield, *Intellectual Property, Biogenetic Resources and Traditional Knowledge*, Earthscan Press, 2004, p. 3.

战争”为契机的《美国植物专利法案》修正案，以及《美国植物品种保护法案》，最早将专利权扩展至有生命的物质。[1] 随后，《美国专利法》在第 103 条对基因技术的专利保护范围作出了较为明确的界定。面对基因技术带来的产业变革，《欧盟关于生物技术发明的保护指令》于 1998 年颁布，以规范基因技术专利保护的范围与模式。[2] 《德国专利法》和《瑞士联邦发明专利法》也均在第 1 条关于“可以获得专利的发明”的规定中专门设置了基因技术的专利保护标准。在轰动世界的 Myriad 案中，美国各级联邦法院通过历时 4 年的审判工作，逐步建立起了相对完善的人体基因专利保护的司法认定标准。[3] 最新的《Leahy - Smith 美国发明法案》则在第 27 条就“基因检测研究”进行了详细的规定。广大发展中国家基于自身安全与公众健康的考虑，则对基因技术的知识产权保护采取相对审慎的态度。我国作为当今世界最大的发展中国家无疑也面临基因技术知识产权保护的巨大法律挑战，尤其是在当前不断涌现基因科创新业态下，亟需找到克服相关法律挑战的

---

[1] See Lara E. Ewens, *Seed Wars: Biotechnology, Intellectual Property, and the Quest for High Yield Seeds*, 23 Boston College International and Comparative Law Review 285 (2000).

[2] See European Union Directive 98/44/EG on Legal Protection of Biotechnology Inventions.

[3] 美国 Myriad 公司识别并定位了对妇女罹患乳腺癌和卵巢癌可能性具有指示性作用的 BRCA1/2 基因，并围绕该基因及其检测方法获得多项专利，该案即为对 BRCA1/2 基因有效性的判断。2009 年，美国纽约南区联邦地方法院以 BRCA 1/2 基因属于自然产物为由认定其不具有可专利性（See AMP v. Myriad Genetics 669F. Supp. 2d 365; 2009 U. S.）；2011 年，美国联邦巡回法院部分推翻了一审判决，认为经过分离的基因分子与人体自然产生的基因具有不同的化学结构具有可专利性（See AMP v. Myriad Genetics 653F. 3d 1329; 2011 U. S.）；2013 年，美国联邦最高法院部分维持了美国联邦巡回法院的判决，认为自然产生的 DNA 是自然产物不具有可专利性，而经过转录合成的 cDNA 则符合可专利性要求（See AMP v. Myriad Genetics 33 S. Ct. 2107; 186 L. Ed. 2d 124, 2013 U. S.）。

有效策略。

第一节　基因科创新业态知识产权保护挑战之阐释

基于基因科创研发高投入、高风险，以及基因技术成果与自然生命高度相关的特性，基因技术知识产权保护的立法动议一经提出，便引发了社会各界的热议。有的学者认为，基因是全人类的共同遗产，不应当为知识产权人所垄断，不能以知识产权保护为由阻碍相关基因技术的后续研发，影响全人类的共同利益；[1] 有的学者则从基因技术相关新业态研发投入高和仿制成本低的特点出发，得出基因技术研发需要知识产权制度提供市场激励的结论；[2] 还有学者站在国家战略的高度，提出基因知识产权保护的法律与政策定位取决于一个国家的科技创新水平及产业发展需求。[3] 进入21世纪以来，随着各国基因技术知识产权立法探索的不断深入，有关基因数据与基因编辑的知识产权保护机制相继形成，为基因科创新业态的持续发展提供了有力的支持与保障。

基因技术的发展与革新使得基础研究、应用研究、技术进步以及工业化应用之间的联系变得异常紧密，它们相互之间的转化也变得格外迅速。[4] 因而，在基因技术中，科学发现与专利发明

---

〔1〕 See Adriane Scola, *Uncommon Genes*, *Unpatentable Subject Matter*, 34 Seattle University Law Review 909 (2011).

〔2〕 参见肇旭：《Myriad案与基因专利的未来》，载《河北法学》2014年第1期。

〔3〕 参见张靖、张平：《基因测试机构的垄断：BRCA1与BRCA2基因专利的命运》，载《科技与法律》2010年第6期。

〔4〕 参见[德]库尔特·拜尔茨：《基因伦理学：人的繁衍技术化带来的问题》，马怀琪译，华夏出版社2000年版，第4页。

之间的界限也就变得不那么清晰了。就基因技术自身的发展而言,其大致可以归纳为从“基因定位”到“基因分离”再到“基因合成”的顺序。因而,笔者将从基因技术“定位—分离—合成”层层递进的研发过程出发,对不同研发阶段基因科创成果的知识产权保护模式进行分别讨论。

首先,识别定位中发现基因序列事实上应当属于科学发现的范畴。从 1953 年弗朗西斯 · 克里克(Francis Crick)和詹姆斯 · 沃森(James D. Watson)发现 DNA 双螺旋结构,到 20 世纪初各国科学家共同完成人类基因组计划(human genome project)〔1〕,测定出了由人类染色体中所包含的 30 亿个碱基对所组成的基因序列并绘制出了人类基因组图谱,每一项对具体基因序列在人体中识别与定位,无一例外都是影响人类社会发展进程的重要科学发现,而所有这些基因数据资源也都应纳入相关数据库,并通过著作权法对其予以保护。

其次,对于分离纯化环节获得的基因序列来说,基因数据库的著作权保护无疑是对其进行保护的一种重要方式。与此同时,相关基因序列也具有专利保护的可能,因为分离纯化在某种程度也是一种基因编辑技术的应用过程。由于分离纯化对于基因序列编辑的不充分性,所得基因序列是否具有可专利性在实践中往往存在争议。一种观点认为,通过分离纯化获得的基因序列,其化学结构并未发生改变,在本质上仍是一种自然存在,也并非人为创造产生,因而,其应属于科学发现而非专利发明,而且基因资

〔1〕 人类基因组计划(human genome project)是由美国科学家于 1985 年率先提出,并于 1990 年正式启动的。美国、英国、法国、德国、日本和中国科学家共同参与了这一预算达 30 亿美元的人类基因测定计划。截至 2005 年,人类基因组计划的测序工作已经完成。其中,2001 年人类基因组工作草图的发表被认为是人类基因组计划成功的里程碑。

源是全人类的共同遗产，不应由任何一个专利权人所控制。[1] 这无疑也是分离纯化所得的基因序列的可专利性不被多数国家承认的重要原因。另一种观点则认为，经过分离纯化的基因序列与生物体内存在的基因序列是不同的，它与周围的组蛋白是分离的，并没有共价地与组蛋白结合，同时分离纯化的基因序列在自然状态下是不存在的，是非自然发生的产物，或者是非自然发生的物质组成，是人类智力劳动的成果。[2] 而且，现在人们对于可专利性的判断也更加注重事物的实际用途，而不在于使事物本身产生什么变化，是不是自然界原本不存在的东西。[3] 分离纯化后的基因序列虽然不一定会比生物体内的基因序列更加有效，但它一定会比生物体内的基因序列有更广泛的应用。[4]《德国专利法》和《瑞士联邦发明专利法》也都依据这一依据来确认基因序列的专利性。[5]

最后，转录合成环节生成的基因序列在大多数情况下是具有可专利性的，通常也是通过专利法来保护的。这是因为基因序列经过转录合成，必然是一种人为创造的全新化学结构。1980 年，美国联邦最高法院在 Diamond v. Chakrabarty 一案中，就曾判定经过遗传工程改造的细菌是可以获得专利权的。[6] 举世瞩目的

---

〔1〕 See Eric J. Rogers, *Can You Patent Genes – Yes and No*, 93 Journal of the Patent and Trademark Office Society 19 (2011).

〔2〕 参见曹丽荣:《从 Myriad 案谈基因专利的正当性及美国对基因专利授权实质性要件分析》,载《中国生物工程杂志》2013 年第 1 期。

〔3〕 参见尹新天:《中国专利法详解》(缩编版),知识产权出版社 2012 年版,第 247 页。

〔4〕 See Stephen H. Schilling, *DNA as Patentable Subject Matter and a Narrow Framework for Addressing the Perceived Problems Caused by Gene Patents*, 61 Duke Law Journal 731 (2011).

〔5〕 参见《德国专利法》第 1A 条第 1、2 款;《瑞士联邦发明专利法》第 1a 条。

〔6〕 See Diamond v. Chakrabarty 447 S. Ct. 303; 1980 U. S.

Myriad 案也正是参照这一案例作出终审判决,认定自然产生的基因序列是自然产物不具有可专利性,而经过转录合成的基因序列则符合可专利性要求。[1] 诚然,相比于识别定位环节中所发现基因序列和分离纯化环节中所获得的基因序列,转录合成环节中所生成的基因序列与专利客体要件更加契合,但也不能一概而论,在一些时候转录合成环节所生成的基因序列也可能会存在新颖性、创造性不足的问题,进而导致可专利性的缺失。[2]

有鉴于此,有必要分别从相关基因数据资源的数据库著作权保护,以及相关基因编辑技术的专利保护着手,厘清基因数据资源与基因编辑技术知识产权保护过程中的法律挑战,并从中找出问题的克服方法,从而为基因科创新业态的持续健康发展提供充分法律保障与制度支持。

一、基因数据资源知识产权保护的法律挑战

随着大数据时代的到来,数据的知识产权保护问题日益突出,在现行的法律实施数据库知识产权保护的基础上,形成了数据有限排他权的理论构想。[3] 基因数据作为重要的数据资料,无疑也面临着从现行数据库知识产权保护到专门的数据有限排他权保护的理论论争。但无论是何种知识产权保护模式,对于基因数据资源知识产权保护,需要探讨的问题事实上主要源自基因数据中所蕴含的财产权与人身权双重法律属性。对此,不妨以现在的基因数据库的知识产权保护机制为例予以展开,探究其中权益

---

〔1〕 See AMP v. Myriad Genetics 33 S. Ct. 2107; 186 L. Ed. 2d 124,2013 U. S.

〔2〕 据统计,在美国联邦巡回法律 2010 ~ 2011 年的判决中,新颖性、创造性不足是生命科学专利权利要求无效最常见的法律原因。See Brandon Zuniga, *Lessons from the Federal Circuit: Avoiding Unpatentability for Life Science Inventions*, 95 Journal of the Patent and Trademark Office Society 223 (2013).

〔3〕 参见崔国斌:《大数据有限排他权的基础理论》,载《法学研究》2019 年第 5 期。

冲突的产生机理并搜寻有效的应对之法。实践中,对涉及基因资源提供者隐私利益的基因数据进行数据库建设与著作权保护,势必会面临基因数据库著作权与基因资源提供者隐私权之间冲突的问题。具言之,基因数据库作为一种特殊的数据库类型,其中包含的数据和材料是基因数据提供者的基因信息,这些数据和材料是由创作者独立编辑和整理完成的,其载体不论是现代的电子形式还是传统的非电子形式都可以被人为地进行复制,因而基因数据库作品也就符合著作权法作品"带有独创性",且具有"可复制性"的要求,[1]并应当作为著作权法中所规定的汇编作品给予保护。

与此同时,基因数据库作为一种特殊的数据库类型,其内容经常涉及基因资料提供者的基因隐私,该提供者或提供者群体有权自主决定是否公开及如何公开其内容。自 1890 年美国学者沃伦与布兰代斯在《哈佛法律评论》上发表《论隐私权》一文以来,隐私权作为一种保护公民自主处分私人领域而不受侵犯的权利日益受到理论界和实务界的关注,包括私生活安宁和信息自主两个方面[2],即个人的私人生活和秘密事项未经本人许可任何人不得干涉和限制,以及个人的私人信息和保密资料是否使用或公开和如何使用或公开由本人自主决定。[3] 但必须注意的是,基因隐私权与传统隐私权不同,它所关注和强调的不仅是一种私人秘

[1] 参见郑成思:《版权法》,中国人民大学出版社 2009 年版,第 55－56 页。

[2] 王泽鉴教授将"隐私权"定义为:"个人对其私领域的自主处分,其保护范围包括私密生活不受干预和信息自主"。参见王泽鉴:《人格权法:法释义学、比较法、案例研究》,北京大学出版社 2013 年版,第 198 页。王利明教授认为,"隐私权是公民享有的私生活安宁与私人信息依法受到保护,不被非法侵扰、知悉、搜集、利用和公开的一种人格权"。参见王利明:《人格权法研究》,中国人民大学出版社 2005 年版,第 567 页。

[3] 参见王利明:《隐私权概念的再界定》,载《法学家》2012 年第 1 期。

密，更是一种关涉某一族群的秘密，其具有个人数据与国家资源的双重属性。[1] 因此，如何实现其中著作权与隐私权的协调便成为基因数据资源知识产权保护过程中的重要挑战。

二、基因编辑技术知识产权保护的法律挑战

对于基因编辑技术的知识产权保护，需要探讨的问题主要表现为两个方面：一是如何构建基因编辑技术知识产权保护的法律规则，涉及基因编辑技术应获得多大范围的知识产权保护等问题；二是如何规避基因编辑技术知识产权保护的制度风险，诸如基因者个人隐私的保护难题、技术相对落后的发展中国家可能出现公共健康危机等社会安全隐患，以及背离生命伦理的"人"的工具化挑战等制度风险，都是基因编辑技术知识产权保护过程中无法避免的问题。进言之，基因编辑技术知识产权保护过程中所面临的上述两大问题，实质上是从知识产权制度的基本规范与基因技术的自身特性出发，对基因技术进行产权保护的立法选择问题，以及为化解制度风险而对基因专利作出运行限制的利益平衡问题。

目前，随着基因技术的日臻成熟，基因检测、基因制药等一系列新业态的飞速发展，产业界对于基因技术知识产权保护的呼声日益高涨。为实现基因技术的独特属性与现有知识产权法律框架的契合，我国《专利法》及《专利审查指南》将基因技术所生成的基因产品作为"化学物质"来保护。但是在当前我国基因技术水平还落后于欧美等发达国家的情况下，采用相对宽泛的保护模式，无疑会加剧我国的基因资源流失与公共健康危机等负面影响。因此，有必要从本土国情出发，立足产业转型需要，明确基因

---

〔1〕 参见刘长秋：《基因隐私权及其法律保护》，载《医学与法学》2012年第3期。

编辑技术知识产权保护的立法争议与潜在风险，构建起符合未来发展趋势的基因编辑技术知识产权保护规则，以知识产权保护推进基因技术的迅速研发与高效运用，真正实现基因编辑技术新业态发展与知识产权制度的有机统一。

第二节　基因数据知识产权保护中的权益冲突与协调举措

基因数据是基因资源的重要表现形式，也是基因科创新业态下知识产权制度保护的重要客体范畴。在当前数据产权化的发展趋势下，基因数据也被赋予了相应的财产属性。对此，有学者基于基因数据等商业数据的固有性质以及工业产权的历史逻辑和制度内涵，提出将基因数据等商业数据纳入工业产权序列，并使之成为可与商业秘密相对称的商业数据权。〔1〕同时，也有学者认为，基因数据等商业数据财产权存在正当性不足与权利要素欠缺的问题，盲目创设新型权利可能带来“数据孤岛”“数据鸿沟”等“反公有地”悲剧，应依据《反不正当竞争法》提供的行为规制模式保障数据产业的发展。〔2〕但无论是在专门产权的保护机制下，还是在竞争行为的规制模式下，对于基因数据的知识产权保护，都会面临着基因数据知识产权与基因者隐私权的冲突与协调问题。基于此，我们不妨搁置有关数据财产保护手段的理论争议，从现行知识产权制度的数据保护架构出发，以数据库的知识产权保护模式展开的基因数据库知识产权与基因者隐私权之间利益冲突

---

〔1〕参见孔祥俊：《商业数据权：数字时代的新型工业产权——工业产权的归入与权属界定三原则》，载《比较法研究》2022 年第 1 期。

〔2〕参见刘琳：《大数据时代商业数据财产权理论的勃兴与批判》，载《华中科技大学学报（社会科学版）》2022 年第 2 期。

与协调机制进行阐释与分析。

实践中，随着生物医学和信息技术的飞速发展，基因数据库作为疾病研究的一种新兴工具在许多从事医学研究的单位中建立起来，并且得到不断的发展和完善。基因数据库，是指以系统、有序的方式对已有基因图谱或片段等基因材料和数据进行编排，并通过电子或其他形式表现出来的独立作品与信息的集合。[1]其中医疗机构和科研院所等作为基因数据库的创作者，为建立数据库收集、加工、分析、处理大量原始资料和数据，享有相应的著作权；基因资料提供者为建立数据库提供大量包含隐私利益的基因信息或数据，享有相应的隐私权。基于基因数据库的特殊权利形态，医疗机构或科研院所因创作数据库而获得的著作权与基因资料提供者本身对其基因资料所具有的隐私权存在权利的冲突与交叉。[2] 为此，有必要从著作权与隐私权的交叉和冲突的具体情况出发，探讨基因数据库中著作权保护与隐私权制度的矛盾关系，并提出相应化解矛盾的基本原则和具体路径。

一、基因数据库知识产权与隐私权的矛盾关系之剖析

基于基因数据库的特殊法律属性，基因数据库著作权与隐私权之对立统一的矛盾关系以权利交叉关系与权利冲突关系为代表。权利的交叉主要表现为基因数据库中著作权保护与隐私权保护具有同向性，即第三人非法利用基因数据库时会侵犯著作权与隐私权双重法益，而在权利限制制度中著作权限制与隐私权限制共同指向社会公众的知情权；权利的冲突则主要表现为基因数

---

〔1〕 参见张平：《中美数据库著作权保护的司法比较》，载《知识产权》1998 年第 5 期。

〔2〕 参见刘鑫：《致病基因数据库著作权与隐私权的矛盾关系探究》，载《医学与法学》2015 年第 2 期。

据库中著作权行使与隐私权行使具有对抗性，即著作权的行使很可能产生隐私权侵权的结果，而权利限制制度则一定程度上成为化解冲突的手段。

（一）基因数据库著作权与隐私权的交叉

著作权和隐私权分属于财产权和人格权范畴，是两个相互独立的权利。然而，一旦隐私权所保护的隐私利益存在于著作权所保护的独创表达之中，著作权与隐私权的交叉也随之产生。基因数据库正是独创表达中蕴含隐私利益的重要实例，著作权保护与隐私权保护的同向性也在其中尽显无遗。

1. 第三人侵权的法益损害双重性

基因数据库作为一种特殊的数据库作品，因其以基因为客体而区别于一般的数据库。基因信息和基因片段的隐私权属性致使其在发表和复制等运行过程中，难免会泄露其中包含的隐私内容，尤其在信息技术高度发达的今天，数据库创作者和基因资料提供者以外的第三人利用技术手段，或者违反保密契约等方式披露数据库中隐私信息的可能大大增加。使用基因数据库侵犯隐私权的情况，包括对基因信息和基因序列直接剽窃的直接侵权和为侵权提供帮助或诱惑的间接侵权。[1] 第三人非法利用基因数据库的行为不仅侵害了数据库创作者的著作权，也侵害了基因资料提供者的隐私权。因此，在基因数据库运行过程中，因第三人侵权而产生的后果是对著作权与隐私权的双重损害，其中的法律关系是复杂的、多元的，而要想正确解读这一权利交叉问题必须要结合基因数据库的特殊性质和侵权行为的具体样态综合地进行价值衡量。

---

〔1〕 参见王迁：《网络环境中的著作权保护研究》，法律出版社 2011 年版，第 146 页。

2. 权利限制指向法益的相似性

"隐私权的限制",又称"隐私的合理期待",即人群共处,经营社会生活,应受保护的隐私必须有所界限。[1] 换言之,为维护社会公共利益和保护其他权益的需要,隐私权应该由法律规范和公序良俗予以适当限制,不能因保护隐私权而限制公民政治自由和社会新闻自由等其他利益,以达到个人隐私权与其相对应的公众知情权的平衡。著作权作为一项重要的知识产权,其制度价值不仅表现为保护创造者利益的要求,也体现出促进科技文化事业发展的作用。因而通过权利的限制制度来保障公众对科学文化的知情权,进而实现知识垄断和知识共有之间的协调。有鉴于此,可以认为著作权限制与隐私权限制所指向的法益具有相似性,都是社会公众的知情权。但是,隐私权的限制与著作权的限制并非完全等同。就权利范围而言,作品的思想和表达都是隐私权保护的内容,而著作权则只保护作品的独创性表达。诚然,社会公众的知情权无论是在隐私权制度还是在著作权保护中都应获得认可,但对基因数据库之"独创表达"(基因信息和基因序列)的剽窃会同时侵犯数据库创作者之著作权和基因资料提供者之隐私权的双重法益,而对数据库之"思想"(基因所体现的私人秘密)的复制则只可能构成对基因资料提供者隐私权的损害。因此,虽然基因数据库中存在隐私权限制制度和著作权限制制度所指向法益相似的情况,但是隐私权与著作权的权利属性与权利范围具有本质区别,其权利限制制度所对应的社会公众知情权也有不同的权利内涵。

---

[1] 参见王泽鉴:《人格权法:法释义学、比较法、案例研究》,北京大学出版社 2013 年版,第 229 页。

（二）基因数据库著作权与隐私权的冲突

著作权的行使以作品的发表和复制为代表，而隐私权的保护则以隐私的保密和不公开为条件，在具有隐私内容的作品中，著作权与隐私权的冲突也由此而产生。概言之，著作权的公开性与隐私权的保密性是权利冲突产生的根源。毋庸置疑，在有隐私性质的个体基因信息或基因片段为主要内容的基因数据库中，发表和复制等行使著作权的行为在很多情况下会存在侵犯隐私权的风险。在基因数据库中著作权与隐私权的冲突问题更是突出地体现在著作权合理使用制度的运行困境和"隐私权用尽"原则的适用难题上。

1. 著作权合理使用制度的运行困境

合理使用是现代各国著作权法普遍认可的一种著作权限制制度。在基因数据库这种具有隐私内容的作品中"科学研究使用""公务使用"等我国法律规定的合理使用情形可以被用来进行侵权豁免，即通过法律规定使著作权合理使用的范围与隐私的"合理期待"范围相契合，进而避免著作权与隐私权的互相对抗。[1] 但是，在实践中，我国现行法律所规定的合理使用制度并不能完全地消除基因数据库中著作权与隐私权的冲突。一方面，我国的合理使用制度仅在《著作权法》和《著作权法实施条例》中作出了概括性规定，并没有提出具体的合理性判断标准；另一方面，在信息技术的推动下，基因数据库中技术措施的引入和原有利益关系的改变使传统的合理使用制度的制度结构和制度规则无法适应基因数据库等新兴载体的需要。因此，在基因数据库合理使用过程中，不仅存在数据和资料尤其是具有隐私性质的基因

〔1〕 参见刘鑫：《致病基因数据库著作权与隐私权的矛盾关系探究》，载《医学与法学》2015 年第 2 期。

信息和基因片段利用进行合理性判断的制度难题，还存在新兴科学技术发展带来的法律关系改变所造成的合理使用规则在适用上的制度缺陷，因而在基因数据库中无法仅采用合理使用制度来对抗隐私权侵权。

2.“隐私权用尽”原则的适用难题

参照著作权限制中的“著作权用尽”规则，笔者认为，基因数据库中隐私的内容因已经公开或权利人同意公开而失去隐私权能的情形可以概括为“隐私权用尽”。基因数据库的“隐私权用尽”以数据库的公开发表为标准来对数据库中隐私权益的保护进行限制，即基因资料提供者同意公开发表其在数据库中基因信息，可以视为其对隐私利益的放弃，而不再拥有隐私权了。[1] 基因数据库中的“隐私权用尽”和著作权限制中的“著作权用尽”是存在巨大差异的，“隐私权用尽”的衡量尺度是作品是否公开发表，而“著作权用尽”的判断标准则是作品是否公开发行或销售。因而，即使基因数据库已被公之于众，不再存在基因资料提供者的任何隐私利益，基因数据库创作者对数据库的发行权、复制权等著作权利并未受到影响。换言之，基因数据库的“隐私权用尽”表明数据库中的隐私内容已被公开或授权公开，但这并不意味着允许复制或者通过信息网络传播数据库中的隐私内容。因此，基因数据库的“隐私权用尽”原则无法豁免其中的著作权侵权。

二、基因数据库知识产权与隐私权的矛盾关系之调适

基因数据库作为《著作权法》保护的一种特殊数据库类型，其著作权保护与隐私权制度存在以上诸多交叉与冲突，实践中要解决基因数据库著作权与隐私权的矛盾问题更是困难重重。有鉴

[1] 参见[美]路易斯·D. 布兰代斯等：《隐私权》，宦盛奎译，北京大学出版社 2014 年版，第 33 页。

于此，笔者建议以法益优先与利益平衡原则、知情同意与惠益分享原则为指导，从制度建构和制度调整两个方面来调适其著作权与隐私权的矛盾关系。

（一）基因数据库著作权与隐私权矛盾关系调适的基本原则

1. 法益优先与利益平衡原则

关于权利的冲突，应奉行"法益优先原则"；关于权利的协调，应奉行"利益平衡原则"。[1] 一方面，《世界人权宣言》第 12 条规定："任何人的私生活、家庭、住宅和通信不得任意干涉，他的荣誉和名誉不得加以攻击。人人有权享受法律保护，以免受这种干涉或攻击。"隐私权作为《国际人权公约》所确认的基本人权，其位阶高于财产权性质的著作权，在行使上也应该优先于著作权。另一方面，以利益平衡为立法目标的知识产权制度，其宗旨就在于实现当事人之间、权利与义务之间、个人与社会之间的利益平衡。基因数据库的著作权保护也应当以利益平衡为原则，在公平价值理念的指导下，实现著作权与隐私权、著作权人与隐私权人，著作权、隐私权与社会公众知情权之间的利益平衡。概言之，在实践中处理基因数据库中著作权与隐私权的矛盾关系问题，应当依据法益优先与利益平衡原则进行。

2. 知情同意与惠益分享原则

在《生物多样性公约》中，对生物遗传资源的保护有三项原则：主权原则、知情同意原则（对生物和遗传资源的利用行为需要资源所有者的知情同意）、惠益分享原则（资源所有者可以分享利用生物和遗传资源所产生的经济利益）。其中知情同意原则和惠益分享原则对基因数据库的运行很有借鉴意义。知情同意原则

〔1〕 参见吴汉东：《知识产权的多元属性及研究范式》，载《中国社会科学》2011 年第 5 期。

通过契约方式明确基因数据库中的基因数据信息运用的权利义务关系,并且在基因数据库中不存在医疗体系中医师特殊干预权等对于知情同意原则的豁免,[1]因而可以充分适用该原则,从而减少著作权人与隐私权人之间的纠纷;惠益分享原则通过契约方式明确了基因数据库中的基因数据信息收益的权利义务关系,可以进一步化解基因数据库中的权利交叉与冲突。因此,在原始基因信息和基因数据的收集、整理、加工、分析过程中,以及基因数据库的建立与运行过程中,应当遵循知情同意与惠益分享原则,即享有著作权的数据库创作者和享有隐私权的基因资料提供者应对数据库用途的知情同意、收益分享。

（二）基因数据库著作权与隐私权矛盾关系调适的具体路径

1. 制度建构:基因数据库之特殊保护

基于基因数据库特殊的法律属性,我国著作权法应将数据库作为一个特殊的客体并在法律或司法解释中对基因数据库的权利归属和权利规则等作详细规定;或者制定单行的数据库保护法案,并将基因数据库作为一个章节予以规制。依据法益优先与利益平衡原则、知情同意与惠益分享原则,对基因数据库进行特殊保护。一方面,应当对数据库创作者著作权的结构与范围进行适当的调整,使其能够在数据库中处于优位的隐私利益得到充分保障的前提下获得有效的行使,进而实现不同利益之间的协调与平衡;另一方面,应当制定“知情同意规则”和“惠益分享机制”,即数据库的创造者行使著作权利时,需要获得数据库中基因信息和基因片段享有隐私权益的提供者的同意,并与之分享收益。

---

[1] 参见刘鑫:《医师特殊干预权的保障与完善:以“好撒玛利亚人法”为视角》,载《医学与法学》2014 年第 1 期。

2. 制度调整:现行著作权规范之结构完善

在现有法律制度体系的基础上,对基因数据库著作权保护与隐私权协调的相关制度进行解构与完善,以化解实践中的权利交叉与冲突,进而达到权利各方的利益平衡,而这种平衡可以通过制度引入和制度重构两种方式来实现。

(1)制度引入:“三振出局”标准之引入

“三振出局”标准是指首先由网络服务商向侵权用户发出警告通知;其次若该用户继续实施侵权行为,网络服务商会再次发出通知;最后若网络用户在接到第二次通知后仍然不停止侵权行为,网络服务商就会终止对该用户的服务。[1] 在数据电子化的今天,这一规则在基因数据库的著作权和隐私权保护之中也有适用空间,可以制定数据库著作权和隐私权保护的“三振出局”标准,即由网络服务商对侵犯著作权和隐私权的行为人发出警告通知,若两次通知后该行为人继续实施侵权行为,则网络服务商应终止相应服务。在第三人侵权情况下,这一机制有利于保障基因数据库中著作权和隐私权,从而确保基因数据库有序地建立和良好地运行。

(2)制度重构:合理使用制度之完善

我国合理使用制度在适用于基因数据库时存在制度难题和缺陷,应当从引入“判断要件”与重构“保护范畴”两个方面来完善合理使用制度。[2] 一方面,可借鉴美国合理使用制度的“合理性”判断标准,以“作品的使用目的”“被使用作品的性质”“使用

[1] 参见陈绍玲:《“三振出局”版权保护机制设计研究》,载《中国版权》2014年第4期。

[2] 参见吴汉东:《著作权合理使用制度研究》(第3版),中国人民大学出版社2013年版,第290-293页。

作品的程度”“对被使用作品的影响”等判断要件为基础,[1]并结合其他相关制度与社会现实状况对基因数据库中的隐私权益和社会公共利益综合地进行衡量,具体地认定能否构成合理使用。在认定基因数据库的合理使用是否成立时,不应局限于我国《著作权法》对合理使用情形的列举,而应依据“合理性判断四步检验法”来进行分析,从而实现个案正义,保证基因数据库中合理使用规则的高效运行。另一方面,应当以有利于人类社会的发展进步为出发点,并结合信息时代科学技术的发展情况,对基因数据库合理使用的规定进行适当的修改,比如在我国《著作权法》中增加关于基因数据库等网络数据库合理使用情形的列举,或者采用单独立法来规定基因数据库等数据库作品的著作权保护与限制问题,使网络环境下存在大量技术措施和技术许可的数据库作品能够被纳入合理使用的范畴,使基因数据库中的信息和数据在法律规定的情形下能够为人们无偿的合理使用,进而实现权利各方利益之平衡。

第三节　基因编辑知识产权保护中的政策选择与运营策略

自2018年11月我国诞生世界首例“具有艾滋病免疫的基因编辑婴儿”以来,与基因编辑相关的法律诘问与伦理非议此起彼伏,社会舆论更是一边倒地对此进行谴责,认为这种“基因编辑婴儿”的行为是一种鲁莽的、缺乏伦理底线的、不负责任的科学探索。无独有偶,学者们针对这一事件所展开的探讨也大多对基因编辑采取较为审慎的态度,他们从基因编辑的潜在风险出发给出

---

〔1〕参见吴汉东:《知识产权中国化应用研究》,中国人民大学出版社2014年版,第432－454页。

了一系列的应对策略。例如,有学者从伦理视角出发明确了基因编辑技术研究与应用的伦理方针与规范;[1]有学者从道德与法律哲学层面对基因编辑技术作出了相应的思考;[2]有学者基于生命宪制提出对于基因编辑所涉及的技术风险与伦理争议分类治理的观点;[3]还有学者从我国现行法律规范着手设计出了规制基因编辑实验的法律体系。[4] 然而,在众多的学术观点中,鲜见对基因编辑技术专利保护与运行模式的讨论。虽说长期以来基因等生命物质一直被认为是不具有可专利性的,[5]但随着基因编辑等相关技术的出现,巨大的商业价值使生命物质不可专利性的理论共识开始动摇,而这些技术研发中的高昂资金投入和巨大市场风险也无疑促使人们开启对于基因编辑技术知识产权保护的尝试。有鉴于此,有必要从知识产权立法政策及其运营机制出发,明确基因编辑技术知识产权保护的范围与程度,并结合我国实际构建起针对基因编辑技术的适当知识产权保护策略。

一、基因编辑技术知识产权保护立法上的政策分歧

20 世纪 80 年代以来,第四次科技革命席卷全球,基因技术作为新技术的典型代表发展迅速,经历了从最初的基因定序到基因分离,再到如今基因编辑的技术变革,不仅深化了人们对生物遗

---

〔1〕 参见邱仁宗:《基因编辑技术的研究和应用:伦理学的视角》,载《医学与哲学(A)》2016 年第 7 期。

〔2〕 参见朱振:《反对完美? ——关于人类基因编辑的道德与法律哲学思考》,载《华东政法大学学报》2018 年第 1 期。

〔3〕 参见郑戈:《迈向生命宪制——法律如何回应基因编辑技术应用中的风险》,载《法商研究》2019 年第 2 期。

〔4〕 参见王康:《人类基因编辑实验的法律规制——兼论胚胎植入前基因诊断的法律议题》,载《东方法学》2019 年第 1 期。

〔5〕 See Graham Dutfield, *Intellectual Property*, *Biogenetic Resources and Traditional Knowle*, Earthscan Press, 2004, p. 3.

传资源的认识,更使人们在基因技术的实践应用中获益。与此同时,在产业利益的驱使下,针对基因编辑等相关技术的知识产权立法也随之应运而生。美国、德国等发达国家相继承认了基因编辑等相关技术的可专利性,并构建出相对健全的法律框架。但是,在具体的规则设计上,各国却做出了不同政策选择。例如:美国采用了产品型的保护模式,以产品权利要求保护基因专利,将基因序列按照组合物对待,其权利范围涉及整个基因产品,既包含了基因序列本身,也涵盖了基因序列的全部用途;德国则采用了用途型的保护模式,以用途权利要求保护基因专利,其权利范围仅仅涉及基因序列的某种特定用途。基因编辑等相关技术专利的不同审查模式,意味着专利法对于基因技术保护范围和强度的不同,这实质上是各国根据本国基因技术发展水平、权衡基因技术专利保护利弊所做出的政策选择。为此,不妨以美、德两国针对基因编辑等相关技术的专利立法为例,对产品型和用途型两种基因专利保护模式的内涵与利弊展开详细阐释。

(一)美国针对基因编辑等相关技术的产品型专利保护模式

美国基于其基因技术研发与应用上的领先地位,在对基因编辑等相关技术进行专利保护时,采取了范围相对较宽、强度相对较高的产品型模式,充分地满足了相关产业将技术优势转化为市场优势的诉求,但却引发了以技术片面独占为表现形式的"反公有地"悲剧。

1. 美国产品型基因专利保护模式之架构

作为基因技术研究的先行者,美国从自身基因产业发展需要出发,突破了专利制度中确立的"自然产物例外"与"自然法则例外",采取产品型的权利要求模式给予基因技术以专利保护。[1]

---

〔1〕 参见付丽霞:《美国专利客体制度发展历程的回顾与疏解》,载《中国发明与专利》2019年第1期。

根据《美国专利法》第 103 条的规定,“具有新颖性和非显而易见性的一种组合物生物技术方法”是可以获得专利保护的,其权利要求中包含“方法中使用的组合物”以及“方法制造的组合物”。进言之,在《美国专利法》的产品型基因专利保护模式下,基因序列作为一种组合物不仅可以是方法专利的基础资源,也可以是方法专利的产物,其保护范围既囊括了基因序列本身,也包含了其各种潜在用途。

如图 4－1 所示,在美国产品型基因专利保护模式下,专利权的授予是以特定的基因序列为基准的,“基因 X”,以及其所具有的“用途 1”“用途 2”“用途 3”“用途 4”等所有用途都是“专利 X”的保护范畴,即使该用途目前尚未完全显现。如此一来,专利权人不仅可以独占“基因 X”,由“基因 X”所衍生出的各项用途也由专利权人所垄断。由此看来,《美国专利法》的产品型保护模式无疑给予了基因编辑等相关技术以一种较强的专利保护。这是美国基于其基因技术领先、基因产业发达的现状而作出的立法选择,为其掌控甚至垄断全球基因药品、基因诊断市场创造条件。

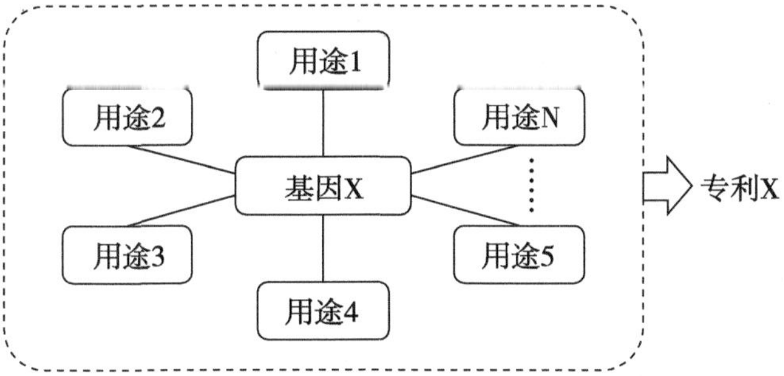

图 4－1　美国产品型基因专利保护模式

2. 美国产品型基因专利保护模式之利弊

在美国产品型基因专利保护模式下,专利权人不仅可以有效掌控其所转录编辑的基因序列本身,该基因序列的所有用途也都在专利权人的控制范围之内。如此一来,便可以实现专利权人对基因编辑等相关技术应用的完全控制,以及对该基因技术相关市场的充分占有。这样对基因编辑等相关技术给予强专利保护的制度设计,无疑是与基因编辑技术高投入、长周期、高风险的本质特征所契合的。只有巨大的专利红利,才能提供激发研发者的积极创新和投资者的加大投入的市场驱动力,以可观的经济回报推进基因编辑等相关技术的研发水平的不断提升。[1]

但是,专利制度为基因编辑等相关技术发展所提供的这种经济回报是以赋予发明人对发明创造以独占的垄断权的方式来实现的,技术垄断所带来的巨大社会成本也往往会相伴而生。[2] 在保护范围较宽、强度较大的产品型保护模式下,往往会出现基因编辑等相关技术为少数专利权人垄断而制约人们基因利益共享的"反公有地"悲剧。[3] 进言之,由于基因技术与公共健康的密切相关性,发达国家基因专利权人对基因编辑等相关技术的掌控,则可能会在广大技术相对落后的发展中国家造成公共健康危机,甚至使基因专利权人与广大患者之间的矛盾演变为发达国家与发展中国家之间的矛盾。[4]

---

〔1〕 See Robert P. Merges, Peter S. Menell, Mark A. Lemley, *Intellectual Property in the New Technological Age*, 6th edition, Wolters Kluwer Law & Business, 2012, p. 131.

〔2〕 See Daniel J. Hemel, Lisa Larrimore Ouellette, *Beyond the Patents – Prizes Debate*, 92 Texas Law Review 303 (2013).

〔3〕 See Michael A. Heller, *The Tragedy of the Anticommons: Property in the Transition from Marx to Markets*, 111 Harvard Law Review 621 (1998).

〔4〕 参见刘鑫:《试论人体基因的可专利性——Myriad 案之省思》,载《中国研究生》2016 年第 6 期。

（二）德国针对基因编辑等相关技术的用途型专利保护模式

德国基于基因资源有限性和基因技术风险性的考虑，在对基因编辑等相关技术予以专利保护时，采取了范围相对较窄、强度相对较低的用途型模式，合理地规避了基因资源被专利权人不当垄断的危险，但却带来了以大量专利层叠为表现形式的“专利丛林”（Patent Thickets）隐患。

1. 德国用途型基因专利保护模式之架构

为避免保护范围过宽而引发专利权人对基因专利的滥用，德国采取了用途型权利要求模式对基因编辑等相关技术进行专利保护。根据《德国专利法》第1A条第3、4款的规定，发明人或者相关人在以基因技术申请专利时，说明基因序列或片段的用途的过程中应对该基因序列或片段的工业实用性加以具体描述，并将这一描述写进权利要求之中。进言之，在《德国专利法》的用途型基因专利保护模式下，专利法对基因编辑等相关技术的保护要以基因序列或片段的特定用途为基础，基因序列或片段潜在具有但专利申请中并未提及的其他用途则不在该专利保护范围之内。

如图4－2所示，在德国用途型基因专利保护模式下，专利权的授予是以特定的基因序列的特定用途为基准的，“基因X”，具有“用途1”“用途2”“用途3”“用途4”等诸多用途，每一项用途都可以成为一项单独的专利，如“用途1”便可成为一项单独的专利“专利1”。当然，在实践中，一项专利中是可以包含某一特定的基因序列的多项特定用途的，但是必须是在专利申请中明示的，没有提到或者目前还没有发现的用途并不能被囊括在内。因此，与美国产品型的基因专利保护模式相比，德国用途型的立法政策选择无疑为后续研究留下了空间，避免了专利权人对相关基因序列的过分垄断。

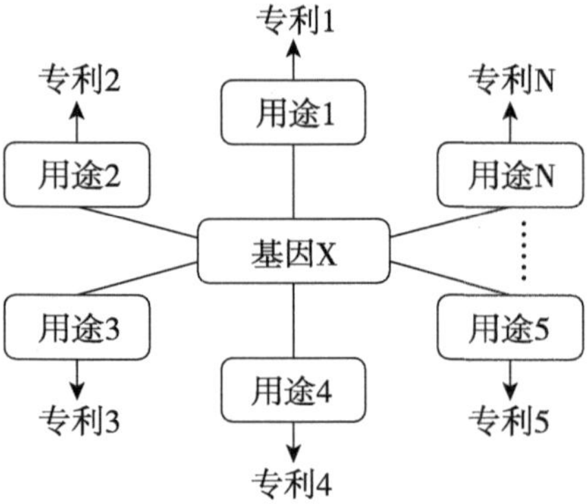

图4-2　德国用途型基因专利保护模式

2. 德国用途型基因专利保护模式之利弊

在德国用途型基因专利保护模式下，专利权人所掌控的权利范围被有效地限定在了基因序列的特定用途之上，保证了基因资源为专利权人以外的其他人所接触并进行后续研发的机会，因为尽管自然所形成的生物基因存在着突变的可能性，但是其通常而言较为稳定，而作为主要研究目标的特殊基因则更是数量有限。[1] 换言之，《德国专利法》所采用的基因专利用途型保护模式，对基因序列或片段具体用途描述的要求，实质上是将基因专利权的范围限制在特定的用途范畴之内，有效地避免了产品型保护模式下权利范围过宽而引发的基因垄断问题，实现对基因编辑等相关技术的合理专利保护。

但是，随着基因专利的不断增加，在德国用途型保护模式的运行中往往也出现诸如“专利丛林”等制约基因编辑等相关技术持续发展的问题。具言之，在用途型保护模式下，基因专利的取

〔1〕 参见吕明瑜、张严：《基因专利冲突及其治理路径分析》，载《知识产权》2017年第4期。

得是以特定用途为基础的,而非产品型保护模式中的特定基因序列,因而也就会出现在同一源基因序列上存在多项用途不同基因专利的现象,甚至形成多项归属于不同权利人的专利交叉重叠的"专利丛林"问题。[1] 这无疑会对基因技术后续的研发产生阻碍,因为从生物体中分离出的基因序列或片段,以及分离后又经转录的基因序列或片段,往往具有基础性,任何人进行基因编辑等相关技术的研究与开发都难以绕过错综复杂的"专利丛林"。[2]

二、基因编辑技术知识产权保护实践中的运营风险

对于基因编辑等相关技术的知识产权保护,无疑可以极大地提升研发者的工作热情和投资者的投入力度,并为基因制药、基因检测等相关基因产业的发展提供法律激励与制度保障。然而,机遇与风险往往是并存的,在基因技术知识产权保护优势被高度重视的同时,基因技术知识产权保护所引发的制度风险也日益暴露,进一步加深了人们关于基因技术知识产权保护的担忧与质疑。为实现风险的有效规避,推进基因技术知识产权保护中各方主体之间的利益平衡,有必要对基因编辑技术知识产权保护过程中凸显出的隐私保护难题、社会安全隐患、生命伦理挑战等潜在制度风险分别予以剖析,找出引发风险的原因,明确规则完善的方向。

(一)基因编辑技术知识产权保护中的隐私保护难题

基因编辑技术的发展给人们更深刻、更全面地认识自身的机

---

〔1〕 See Carl Shapiro, *Navigating the Patent Thicket*: *Cross Licensing*, *Patent Pool and Standard Setting*, 1 Chapter in NBER book Innovation Policy and the Economy 119 (2001).

〔2〕 参见刘媛:《十字路口上的未来:基因专利问题研究》,载《科技管理研究》2015年第4期。

会，也使人们对于自己的身体没有任何秘密可言，直接或间接地增加隐私权的侵权风险。对于基因编辑等相关技术的专利保护则进一步催生了基因信息商品化和基因资源产权化。[1] 基因却不只是一个“物”而已，它带有生命潜能（life potential），而且更重要的是，它带有原本此基因的基因者的基因信息。[2] 因而，在基因编辑等相关技术的专利保护过程中，基因提供者的基因信息作为技术研发的基础资源，无疑会在一定程度上为专利权人所占用并为专利权人所公开，致使基因提供者的隐私权益受到影响。申言之，基因编辑等相关技术的专利保护过程中的基因提供者的隐私保护主要面临专利权人对基因专利独占所导致的基因提供者隐私减损风险，以及专利权人对基因专利公开所引发的基因提供者隐私泄露风险两个方面的隐私保护难题。

1. 基因专利独占所导致的基因提供者隐私减损风险

专利权人对基因专利独占所导致的基因提供者隐私减损风险的产生原因，在于不同主体所享有的基因专利权与基因隐私权在独占权能上的相互交叉。具言之，基因专利权的独占属性，是指权利人在一定时间、一定范围独占该基因专利的市场份额。[3] 这种为保护发明创造而限制他人在保护期内使用的产权激励，是专利独占属性的突出体现，也是专利饱受争议的原因所在。基因隐私权的独占属性，是指基因提供者的隐私信息由其自身所独

[1] See Paul M. Schwartz, *Property, Privacy, and Personal Data*, 117 Harvard Law Review 2056 (2004).

[2] 参见颜厥安：《鼠肝与虫臂的管制——法理学与生命伦理探究》，北京大学出版社 2006 年版，第 25 页。

[3] 参见吴汉东：《无形财产权基本问题研究》（第 3 版），中国人民大学出版社 2013 年版，第 283 页。

占，不受他人非法的侵犯，维护基因提供者的尊严与自由。[1] 在某一特定基因序列或片段之上，权利人所独占享有的专利权与基因者所独占享有的隐私权极有可能会同时存在，二者形成在独占属性上的权能交叉。然而，基于财产权与人格权法律属性的巨大差异，基因专利与基因隐私在独占权能上的交叉会衍生出专利独占权与隐私独占权之间尖锐的权利冲突。专利权作为一种无形财产权，其客体具有非物质性，但同有形财产权一样，具有许可和转让的权能；[2] 而隐私权作为一种人格权，具有绝对性、非财产性、紧密的人身依附性，不可转让或许可他人享有或使用。因而，在基因专利权人转让或许可他人使用其基因产品时，无疑会将该基因序列或片段之上基因提供者的隐私信息一并移转，虽然在大多数情况下基因者的隐私信息并不会在基因专利中明确体现，但不容否认的是，专利权人的转让或许可行为无疑扩大了基因提供者隐私信息的接触范围，使隐私权之人身依附性受到减损，一定程度上增加了隐私权被侵犯之风险。

2. 基因专利公开所引发的基因提供者隐私泄露风险

专利权人对基因专利公开所引发的基因提供者隐私泄露风险的产生原因，在于不同主体所享有的基因专利权与基因隐私权在内容公开上的相反效果，即专利公开是专利的授权条件之一，而隐私公开则会导致权利的消灭。具言之，专利信息公开作为专利授权的基础性要求，其目的在于限制申请人的专利保护范围，并给予其他人学习和了解先进技术的机会，以专利制度的有序运

---

〔1〕“隐私权旨在维护人性尊严与尊重人格自由发展，乃属一种人格利益而为人格权在私法领域的具体化。”参见王泽鉴：《人格权法》，北京大学出版社 2013 年版，第 207 页。

〔2〕See Christina Mulligan, *A Numerus Clausus Principle for Intellectual Property*, 80 Tennessee Law Review 235 (2013).

行推进新技术的高效研发。[1] 对于隐私信息来说，无论是主动公开还是被动公开，都将使隐私变成公知，以至于隐私权所保护的法益不复存在。权利人主动公开隐私信息或同意他人公开其隐私信息，意味着权利人对隐私权的自愿放弃；[2]未经允许公开他人隐私的行为是一种侵权行为，隐私本身就具有不被他人知晓的含义，一旦被公开，权利必将受到损害且不可恢复。[3] 因而，在兼具专利权益和隐私权益双重法益的基因序列或片段之上，内容公开作为专利授予之要件和隐私消亡之路径，加剧了专利权人所享有的基因专利权与基因提供者所享有的基因隐私权之间的矛盾关系。基因序列或者片段要想获得专利保护就必须充分公开，其中包含的基因信息也会随着公开，这无疑会引起基因提供者隐私信息的泄露风险，甚至致使基因提供者的隐私权益损失殆尽；而基因提供者隐私要想获得法律的充分保护，则必须保证基因信息处于秘密状态不被公开，这样一来，相应的基因序列或者片段就无法满足专利授权中的公开要件，失去获得专利保护的机会。

（二）基因编辑技术知识产权保护中的社会安全隐患

基因技术的知识产权保护直接推动了基因技术的产业化，但专利保护不单单是激励基因技术创新、促进基因产业发展的举措，其对粮食供给、公共健康等社会安全问题也具有深刻的影响。[4] 在食品、药品领域，各种各样的转基因食品和基因药品层

---

〔1〕 See Jason Rantanen, *Patent Law's Disclosure Requirement*, 45 Loyola University Chicago Law Journal 369 (2013).

〔2〕 参见［美］路易斯·D. 布兰代斯等：《隐私权》，宦盛奎译，北京大学出版社 2014 年版，第 11 页。

〔3〕 See James Q. Whitman, *The Two Western Cultures of Privacy: Dignity versus Liberty*, 113 Yale Law Journal 1151 (2004).

〔4〕 See Peter K. Yu, *Virotech Patents, Viropiracy, and Viral Sovereignty*, 45 Arizona State Law Journal 1563 (2013).

出不穷,这无疑为社会公众的日常生活提供了更多的选择与更好的保障。与此同时,与转基因食品与基因药品相关的社会安全问题也随之产生。一直以来,转基因食品和基因药品本身的安全性问题,都是社会各界所关心的焦点,也是制约相关产业运营的核心要素。[1] 随着基因技术的不断成熟和相关措施的不断完善,这一问题迟早会为人们所攻克。未来真正影响转基因食品和基因药品产业发展的问题,将是基因专利权人所享有的独占权利延及相关的转基因食品与基因药品,而取得在相关市场上的支配地位,甚至是垄断地位,进而导致基因食品与基因药品对发展中国家普通社会公众的不可及性,引发粮食供给风险、公共健康危机等社会安全隐患。

1. 基因编辑专利权人掌控基因食品市场的安全隐患

基因编辑专利权人对转基因食品市场的掌控,可能会在发展中国家中引发粮食安全问题。基于转基因食品成本低、产量高等特点,它已成为很多发展中国家解决温饱问题的重要资源。但是,由于制约转基因食品的生产与经营的原始基因专利往往掌握在发达国家的专利权人手中,发展中国家在进行转基因食品的生产经营过程中就不得不受制于人。易言之,一旦基因专利权人拒绝作出许可,转基因食品的生产与经营将难以为继,很多发展中国家的粮食供给也就无法得到充分保证。正如世界著名知识产权学者彼得·达沃豪斯(Peter Drahos)所说,"随着知识产权保护范畴的不断扩大,人们无法直接占有转而依靠契约机制来获得的物品也随之越来越多,进而导致穷人很难用他们的方式交换到公

---

〔1〕 相关论述,参见陈景辉:《面对转基因问题的法律态度——法律人应当如何思考科学问题》,载《法学》2015 年第 9 期;胡加祥:《转基因食品安全性的法律思辨——"无罪推定"还是"有罪推定"》,载《法学》2015 年第 12 期。

平一些的财产分配"[1]。然而,纵观目前欧美等国对转基因食品的法律规制,无论是以"科学依据"为基础的市场准入规则,[2]还是以"预防原则"为基础的综合判定规则,[3]都是对转基因食品安全审查、安全评估方面的规定。广大发展中国家对转基因食品进行的法律规制也往往处于安全性问题的层面。例如,我国2015年修订《食品安全法》时,为保障社会公众的知情权,增加了"生产经营转基因食品应当按照规定显著标示"的规定,[4]但却并未充分考虑发达国家利用基因专利权垄断转基因食品生产经营的潜在风险。

2. 基因编辑专利权人掌控基因药品市场的安全隐患

基因编辑专利权人对基因药品市场的掌控,可能会在发展中国家造成公共健康危机。长期以来,药品专利保护与公共健康维护之间存在着难以调和的矛盾。在实践中,药品专利往往由发达国家所拥有,公共健康问题则在广大发展国家中表现得更为突出,进而致使这一矛盾演变为发达国家与发展中国家之间的矛盾。由于发达国家在基因技术研发上的绝对优势,随着基因药品市场应用的不断增多,发达国家以基因专利为基础的垄断地位得以进一步巩固。因而,为避免发展中国家采用制造和进口通用药品的方式规避专利保护,向其国民提供廉价药品,以美国为首的发达国家在TRIPS协定中设置了必须对医药产品和方法授予专

---

〔1〕 See Peter Drahos, *A Philosophy of Intellectual Property*, Ashgate Publishing Limited, 1996, p. 87 – 88.

〔2〕 参见胡加祥:《欧盟转基因食品管制机制的历史演进与现实分析——以美国为比较对象》,载《比较法研究》2015年第5期。

〔3〕 See John S. Applegate, *The Prometheus Principle: Using the Precautionary Principle to Harmonize the Regulation of Genetically Modified Organisms*, 9 Indiana Journal of Global Legal Studies 2017 (2001).

〔4〕 参见《食品安全法》第69条。

利的国际义务。[1] 如此一来，发展中国家就必须通过支付高昂的专利许可费来生产药品。药品价格的上涨无疑会使发展中国家很多经济能力较弱的人无法获得治疗疾病所必需药品，基因药品等高端药品对于他们而言则更加遥不可及，进而产生公共健康危机。诚然，随后的多哈回合谈判为解决 TRIPS 框架下基因专利与公共健康之间的矛盾提供了契机，TRIPS 协定在药品专利保护中设置了公共健康例外。[2] 但是，从民主决定正统化的危险性来看，由于基因技术等与制药相关的先进技术为少数发达国家所控制，在相关国际规则的制定与运行中，集中在少数发达国家手中、容易被组织化的突出利益，相对于分散在多数发展中国家手中、不易被组织化的普遍利益来说，往往更容易被反映出来。[3]

（三）基因编辑技术知识产权保护中的生命伦理挑战

专利保护为基因编辑等相关技术的研究与开发提供了有效的市场激励，使基因技术的研发者能够将其研究成果投入市场并获得收益。巨大的经济利益则进一步诱发了基因资源的产权化和生物繁殖的工程化的发展趋势，使基因编辑等相关技术逐步向产业化的方向发展。但与此同时，在基因编辑等相关技术专利保护中，技术与伦理之间的冲突也日益凸显。在基因资源产权化的过程中，“人”不再是充满神秘感的主体，人体奥秘被逐步破解，如基因序列等从人体中分离出来的部分也被当作“物”来看待，甚至成了产权化的资产，日益呈现出“人”的工具化倾向；在生物繁殖

---

〔1〕 参见冯洁涵：《全球公共健康危机、知识产权国际保护与 WTO 多哈宣言》，载《法学评论》2003 年第 2 期。

〔2〕 See Graham Dutfield, *Delivering Drugs to the Poor: Will the TRIPS Amendment Help*, 34 American Journal of Law & Medicine 107 (2008).

〔3〕 参见［日］田村善之：《田村善之论知识产权》，李扬等译，中国人民大学出版社 2013 年版，第 5－6 页。

工程化的过程中,优生学理论与基因技术等先进的生物技术相结合,使优生战略进入了新的阶段,同时带来了一系列的伦理风险。

1. 基因资源产权化过程中的工具化危险

基因资源产权化过程中的工具化危险,是指每一个人即基因携带个体,都被当作基因编辑等相关专利技术不断发展进步的工具,为基因专利技术的研发提供必要的来源支持和物质保障。从医学角度讲,基因是人体中具有特定遗传效应的 DNA 分子的一个片段。[1] 给予基因技术以专利保护,在很大程度上意味着将人体的部分授予专利,为权利人所独占。因而,在基因编辑等相关技术专利保护的产权化过程中,人的工具化也就意味着个体已经变成了一个单纯的基因("好"基因或"坏"基因)携带者,其"价值"应当首先或者仅仅根据他对基因池质量的贡献加以度量。[2] 诚然,"人"的工具化思想是基因编辑等相关技术创新、推进基因专利保护的基础与前提,但是,这种工具化思想也是极其危险的,一旦"人"工具属性被绝对化了,则将突破生命伦理的底线,人类将无法有尊严地自由生活。进言之,绝对的"人"的工具化,即意味着将"人"或者其组成部分作为"物"来对待,为推进技术进步和实现利益的最大化,对"人"的使用可以不受任何限制。这无疑是对生命伦理中人自然体的神圣性理念的颠覆,更是对宪法所保障的人之基本权利的践踏。如果不加以限制,任由工具化趋势的蔓延,必将使人类长期发展中形成的生命伦理功能受到贬损,导致人失去在社会上生存与发展的伦理基础,无法获得应有的尊严与

---

〔1〕 参见王卫国主编:《基础医学概论:基础医学课程的整合》,人民卫生出版社 2008 年版,第 53 页。

〔2〕 参见[德]库尔特·拜尔茨:《基因伦理学:人的繁殖技术化带来的问题》,马怀琪译,华夏出版社 2000 年版,第 283 页。

关爱。[1]

2. 生物繁殖工程化过程中的优生学困境

生物繁殖工程化过程中的优生学困境，主要表现为产权化的基因技术所引起的优生战略异化。当前，传统的"消极优生学"理论，正逐步被以基因技术为基础来增加体力或智力更佳者的出生率或改良人种的"积极优生学"理论所取代。[2] 优生优育不再是一种预防性的消极行为，而是在基因编辑等相关技术手段的积极干预下进行。技术手段的采用使人类拥有了决定生命产生与否，以及改善健康水平和智力水准等生命的具体状态的选择权。[3] 随着基因编辑等相关技术逐步被专利法所接纳，成为专利权的客体，优生战略的实施也很可能会受制于专利权人。但这并不是优生学所面临的最大危机，更严重的是别有用心者突破生命伦理的界限，以专利许可的形式推行片面的优生政策，这可能会给人类社会造成不可逆转的巨大损害。例如，纳粹德国以优生学为名所实行的种族灭绝政策与美国的绝育和歧视性的移民政策，都是一种片面的优生政策。[4] 在专利技术的外衣下，滥用优生学理论的行为变得更加隐蔽和难以防范。此外，还需要特别注意的是，基因编辑等相关技术在人类生殖中的应用极可能会弱化父母子女的生物学基础，改变传统伦理道德中爱情与生殖统一的情形，甚

---

〔1〕 参见刘鑫：《刍议基因技术专利化的伦理争议》，载《河北北方学院学报(社会科学版)》2016 年第 2 期。

〔2〕 "消极优生学"，是指防止有遗传疾病孩子出生的科学；"积极优生学"，是指用医学遗传学技术改善后代遗传质量，增加体力或智力更佳者的出生率或改良人种的科学。参见王延光：《优生学与克隆技术研究的伦理争议》，载《哲学动态》2000 年第 8 期。

〔3〕 参见[德]库尔特·拜尔茨：《基因伦理学：人的繁殖技术化带来的问题》，马怀琪译，华夏出版社 2000 年版，第 21 页。

〔4〕 参见蒋功成：《伪科学，坏科学？——优生学所受到的批判及其分析》，载《科学技术与辩证法》2007 年第 5 期。

至衍生出“技术父母”的概念。[1] 尤其在当下基因技术专利保护的背景下，生殖过程也在一定程度上被财产化了，在很大程度上突破了人们固有的家庭伦理观念。

三、基因编辑技术知识产权保护的本土制度安排

通过对美、德两国基因编辑技术专利保护立法政策的比较，以及对基因编辑技术专利保护实践中潜在运营风险的梳理，不难发现，对于基因编辑等相关技术进行专利保护是一个十分复杂的问题，既要做好保护范围与模式的政策选择以化解立法争议，也要设置与相关利益之间的协调机制以消除运营风险。因此，为实现对基因编辑技术的合理专利保护，应当立足本土国情，结合我国经济社会发展的现实需要，在明确我国基因编辑技术专利立法政策选择的同时，建构起我国基因编辑专利的实践运营机制。

（一）基因编辑技术专利保护立法中的我国政策选择

我国《专利法》及《专利审查指南》（2020 年）将基因编辑等相关技术所生成的基因序列或片段作为“化学物质”来保护。但就其本质而言，我国这种“化学物质”的保护方式实质上是美国产品型保护模式的一个变种，在保护范围和强度上都与《美国专利法》相差无几。但是，这种范围较宽、强度较大的保护模式与我国目前基因技术相对落后的发展现实是不相符合的。在当前我国基因技术研发与应用比较落后的情况下，产品型立法政策模式下对基因编辑技术的强专利保护无疑会加剧本身数量有限的基因资源的稀缺性，并对我国基因产业发展造成阻碍。鉴于此，我国应

---

〔1〕 参见吴文新：《生殖医学的伦理目的和技术手段——兼论爱情、性行为与繁殖的统一》，载《北京电子科技学院学报》2004 年第 1 期。

借鉴德国用途型基因技术专利保护模式的立法经验，改变目前《专利法》及《专利审查指南》(2020年)中将基因序列或片段看作化学物质的产品型保护模式，转而采用以基因序列或片段的特定用途为权利内容的用途型保护模式。

1. 我国基因编辑技术知识产权保护政策的产品型现状

目前，我国对基因专利采用了产品型的保护模式。虽然我国《专利法》并未对基因技术作出明确规定，但根据《专利审查指南》(2010年)的规定，无论是从微生物、植物、动物或人体分离获得的基因或DNA片段，还是通过基因编辑等其他手段制备得到的基因或DNA片段，都可以被看作一种化学物质来给予专利保护。[1] 申言之，我国《专利法》及《专利审查指南》(2010年)按照化学物质对基因或DNA片段进行专利保护的制度设计，事实上也是一种产品型保护的立法政策选择，同《美国专利法》将基因序列作为化合物的方法专利保护选择在本质上并无二致。但是，我国这种“化学物质”的保护模式在很大程度上忽视了基因资源有限性的固有属性，进一步加剧了基因专利的稀缺性，致使基因专利的保护范围不仅包含基因序列，同时也涉及该基因序列潜在的全部用途，严重限制了相关技术的后续研发和相关产业的有序发展。[2]

2. 我国基因编辑技术知识产权保护政策的用途型变革

基于我国目前相对较低的基因编辑等相关技术研发水平，将基因序列看作组合物的产品型保护模式，并不符合我国现阶段经济社会的发展需要。正如笔者在上文中所论述的，以美国为主导

---

〔1〕 参见中华人民共和国国家知识产权局制定：《专利审查指南2010》，知识产权出版社2010年版，第29－34页。

〔2〕 参见曹丽荣：《论我国基因专利保护范围的界定》，载《南京理工大学学报(社会科学版)》2015年第2期。

的产品型保护模式，对特定基因序列或片段给予较为宽泛的保护，使基因专利权人获得了以该基因序列或片段为基础、包含其全部用途的独占权能。这样一来，不仅以该基因序列或片段为原点的后续发明创造难以为继，也会在相对有限的基因序列或片段之上形成专利权人的绝对垄断，进而引发专利权人对生物资源与信息的控制。因此，我国在对基因技术专利审查模式进行立法政策选择时，应该借鉴德国等欧洲国家的经验，采取更利于技术后发优势发挥的用途型保护模式，以特定用途作为基因专利的权利内容，避免当前产品保护模式下的"反公有地"悲剧。与此同时，为保证用途型保护模式的有序运行，我国还应建立起与之相配套的专利审查程序和侵权判断标准，降低用途型保护模式下"专利丛林"等负面问题的发生概率。

（二）基因编辑技术知识产权保护实践中的我国运营举措

基于专利权本身所固有的独占性问题，给予基因编辑等相关技术以专利保护，不可避免地会出现技术垄断的副作用，加之基因编辑技术与生命健康的高度相关性，专利保护中所展现出的不良影响也会更为突出。如前所述，在基因编辑等相关技术的专利保护的实践中，会衍生出隐私安全隐患、生命伦理挑战等诸多潜在风险，稍有不慎便会对公共利益带来巨大危害。因此，我国在明确基因编辑技术专利保护立法政策的同时，应当设置相应的运营协调机制，使实践中可能出现在风险得到有效的防范。

1. 以充分的知情同意化解基因编辑技术知识产权保护中的隐私安全隐患

知情同意作为一项法律准则，最初产生于临床医疗领域并逐步被广泛运用，其目的在于维护医疗关系中处于被动地位的病患的意思自治权利。[1] 在基因编辑等相关技术的研究与发展之中，研究者、基因提供者之间的关系与医生、患者之间的关系有很多相似之处，两者都涉及对人体的干预，并且都同相对方的切身利益密切相关。因而，在当前基因编辑技术专利保护的过程中，为解决基因提供者隐私保护的难题，实现基因编辑技术专利保护中的利益平衡，也应采用知情同意原则，使基因提供者了解研究中存在的风险，并决定是否接受这一风险，从而避免权利纷争，实现对基因提供者权益的尊重与保护。[2] 虽然实践中很多基因提供者尤其是病患基因提供者往往会通过放弃一定的隐私权益的方式来支持医疗与健康机构对他们的基因进行研究，使他们自身能够获得更好的医疗服务，但这并不意味着研发者可以不经基因提供者同意而开展研究，而且基因提供者所放弃的隐私权益一般也只是其所享有基因隐私的一部分而已。因此，在基因编辑技术的运行过程中，应当实现基因提供者的充分知情同意，保证基因提供者对研究目的、技术手段、运用方式、保护范围等关系到其切身利益事项的事先知情，并要求取得基因提供者对前述事项的明示同意，否则研究者不能任意运用科技去激发这些细胞的生命潜能或探知其基因资讯。[3]

2. 以科学的政策规划消除基因编辑技术知识产权保护中的社会安全隐患

从公共政策层面来说，专利制度是对发明成果的创造、归属、

---

〔1〕 See Peter H. Schuck, *Rethinking Informed Consent*, 103 Yale Law Journal 899 (1994).

〔2〕 See Ellen Wright Clayton, *Informed Consent and Biobanks*, 33 Journal of Law, Medicine and Ethics 15 (2001).

〔3〕 参见王康:《基因权的私法证成和价值分析》，载《法律科学(西北政法大学学报)》2011 年第 5 期。

利用以及管理等事项进行指导和规制的一种政策工具。[1] 专利制度作为法律和政策的结合体，在实践运行中只有“保护不保护”是法律问题，“保护多少、保护什么、不保护什么”都是一个国家的公共政策。[2] 就基因编辑技术的专利保护而言，法律所要解决的是基因编辑技术的可专利性范围和专利保护模式问题，而具体的保护策略的制定则更多的是一种政策性的考量。当下，作为世界最大的发展中国家，我国在基因编辑技术专利保护中所面临的粮食供给危险、公共健康危机等社会安全隐患，从专利政策角度来看无疑是基因专利战略实施中的一种政策风险。因而，要想消除基因编辑技术专利保护中的社会安全隐患，规避基因技术专利化过程中的政策风险，则需要进行科学的政策规划。一方面，通过强制许可等政策措施对与公众生存与健康具有重大影响之基因编辑专利的独占权能予以限制，以保证社会公众最根本的食品、药品供给，尽量降低基因编辑技术专利保护中的社会安全隐患；另一方面，通过税收减免等政策优惠激励基因编辑技术的本土创新，以实现对欧美等发达国家的赶超，逐步将技术优势掌握在自己手中，并适时建立基因技术专利池，以专利独立许可与一站打包许可并行、自愿协商许可与法律强制许可共存的多元性许可机制，[3] 保证通行的基因编辑技术在发达国家与发展中国家之间的有序交易，从根本上消除基因编辑技术专利保护中的粮食供给危险和公共健康危机。

3. 以严格的伦理审查应对基因编辑技术知识产权保护中的

---

[1] 参见吴汉东：《中国应建立以知识产权为导向的公共政策体系》，载《中国发展观察》2007 年第 5 期。

[2] 参见徐瑄：《知识产权的对价理论》，法律出版社 2013 年版，第 354 页。

[3] 参见刘鑫：《TPP 背景下基因药品专利池之构建、管理与运行》，载《电子知识产权》2015 年第 11 期。

生命伦理挑战

由于基因编辑与生命繁衍的高度相关性,无论是技术研发过程中,还是技术实施开始后,基因编辑都必须以生命伦理规范为基本遵循。在基因编辑技术专利保护的过程中,带有"生命"要素的基因序列或片段具有了财产属性,可以在市场上任意流通,这一定程度上已经颠覆了人类社会的传统生命伦理原则。但是,专利体系旨在促进技术创新,并不能有效解决伦理问题。[1] 如若不加限制,任由基因专利发展极有可能使"人"失去主体性,引发诸如前文所述的工具化危险与优生学困境等严重的社会危机。因而,有必要在基因编辑技术专利申请审查和实施检查过程中,从事前预防和事中评测两个方面进行全面的伦理审查,对专利申请中的不同技术目的和专利实施中的不同技术效果进行严格区分,即对于具有疾病治疗等正当目的或效果的基因编辑技术给予有效的专利保护,对于目的不纯、效果不佳、不符合生命伦理原则的基因编辑技术进行严格的限制,避免相关权利人以专利保护的这一"市场通行证"实施与生命伦理规范相悖的行为,从而实现基因编辑技术专利保护与社会伦理秩序维护之间的有机协调。

——— 本章小结 ———

随着各种新技术、新产业的不断涌现,知识产权制度所保护的客体类型也日益丰富,知识产权制度体系下的智力成果产权化是新技术推动下新业态发展的必然选择。20 世纪下半叶,全球第四次科技革命逐步开启,基因技术作为新技术的典型代表发展迅

〔1〕 参见肇旭:《生物技术专利授权要件研究》,法律出版社 2014 年版,第 11 页。

速。无独有偶,为推进基因技术的市场化发展与产业化运营,运用知识产权制度保护基因技术的呼声日盛。然而,由于基因技术高度的生命健康相关性,对其进行知识产权保护存在激烈的法律与伦理争议。

基因数据作为新技术时代的一种新兴权利客体,涉及诸多法律问题。其中,基因数据库符合汇编作品的构成要件,是为著作权法所保护的客体,然而基因数据库又常涉及隐私内容,这也会造成了著作权与隐私权的冲突问题。这一冲突主要表现为著作权的行使可能成为隐私权侵权之原因与隐私权的限制能否当作著作权侵权之抗辩两个方面。对于这一冲突的协调,应该依据法益优先与利益平衡原则、知情同意与惠益分享原则从制度建构和制度调整两个方面入手来建构基因数据库特殊保护制度与完善现行著作权法律制度。

近年来,基因编辑技术的飞速发展,使社会各界对基因编辑等技术相关新业态予以知识产权保护的非议四起。在具体的制度实践中,由于各国基因技术发展水平差异较大,对于基因编辑技术专利保护的立法争议颇多,而其中诸多的潜在风险也使多数国家望而却步。目前,仅有美国、德国等少数发达国家先后在专利法中对基因编辑等相关技术的保护范围与模式等内容进行了规定。但是,不容否认的是,对于基因技术的专利保护是一种必然的趋势,我国作为世界最大的发展中国家,应从本土国情出发,以立法形式积极作出回应,作出符合我国发展需要的立法政策选择,并设置相应的运营机制以应对潜在风险。

未来随着技术融合的不断加强,基因技术会与更多新兴技术相融合,形成协同效应,进而创造新的产品与产业。例如,信息技术与基因技术融合所形成的生物信息工程技术,使人们能够运用计算机程序对生命进行编程，进入了“数字化基因时代”。[1] 未来人工智能技术与基因技术的融合，则会使人工智能更趋近于人脑，其行为也将更类似于人类，机器人法律资格的民事主体认定、机器“工人群体”的劳动法保护等法律问题会表现得更为突出。[2] 与此同时，人工智能自主发明与基因技术相结合的“智能化基因时代”的到来，也会使基因技术知识产权保护的立法选择变得更为重要，使基因技术的知识产权保护规则构建变得更为复杂。[3]

---

〔1〕 参见[美]克雷格·文特尔：《生命的未来：从双螺旋到合成生命》，贾拥民译，浙江人民出版社2016年版，第3页。

〔2〕 参见吴汉东：《人工智能时代的制度安排与法律规制》，载《法律科学（西北政法大学学报）》2017年第5期。

〔3〕 参见刘鑫：《人工智能生成技术方案的专利法规制——理论争议、实践难题与法律对策》，载《法律科学（西北政法大学学报）》2019年第5期。

第五章　人工智能新业态知识产权保护的法律困境及其应对

人工智能技术的飞速发展使人们日常的生产生活方式发生了颠覆性的改变，使人类社会进入了全新的人工智能时代。从农业生产、工业制造，到金融保险、广告传媒，以及医疗诊断等各行各业之中都可以发现人工智能的身影，并由此生成了一系列全新的人工智能新业态。然而，随着人工智能在各个行业中应用的不断增多，人工智能新业态的持续涌现，诸如怎样实现对于人工智能技术、人工智能软件及其生成物的知识产权保护等一系列涉及知识产权法如何应对人工智能新业态挑战的问题应运而生，并成为学界热议的话题。有学者提出通过创设人工智能法律人格，实现知识产权法对于人工智能自主创新的接纳；[1]也有学者从以人工神经网络为基础的“创造机器”(creativity machine)及以基因编程为基础的“发明机器”(invention machine)等人工智能生成智力成果的实例出发，论证了人工智能生成客体的知识产权规制问

---

〔1〕 See Colin R. Davies, *An Evolution Step in Intellectual Property Rights — Artificial Intelligence and Intellectual Property*, 27 Computer Law & Security Review 601 - 619 (2011).

题;[1]还有学者基于人工智能快速生成海量文献资料的能力,表达了人工智能被不当利用而影响知识产权制度有序运行的担忧。[2] 事实上,人工智能新业态所带来的知识产权法律问题并不仅局限于这些方面。科技剧烈变革引发的社会革新与制度挑战往往是全方位的,既会使现有的实践难题进一步加深,更会诱发新的社会问题与制度困境。在全新的人工智能新业态下,知识产权制度所面临的挑战,将不仅是当前权利客体扩张问题的持续深化,还有人工智能自主创新模式下的机器人能否成为权利主体,以及人工智能快速运算机制下的相关辅助工具的应用会如何影响知识产权制度实践等人工智能场景下的新问题。因此,对于人工智能新业态知识产权保护问题的探究,应首先将纷繁复杂的人工智能运行效果及其法律影响予以类型区分,并在此基础上理顺相关知识产权法律困境的基本表现与形成机理,进而找出应对人工智能新业态挑战的知识产权制度变革路径,确保知识产权法律制度与人工智能技术及相关产业发展的协调与契合,并实现人工智能新业态下的知识产权法治。

第一节 人工智能新业态知识产权保护困境之阐释

人工智能技术及相关新业态的复杂性,使知识产权制度面临着前所未有的巨大挑战。人工智能脱离人类控制与干预的自主

〔1〕 See Ryan Abbott, *I Think, Therefore I Invent: Creative Computers and the Future of Patent Law*, 57 Boston College Law Review 1079 - 1126 (2016).

〔2〕 See Erica Fraser, *Computers as Inventors - Legal and Policy Implications of Artificial Intelligence on Patent Law*, 13 SCRIPTed: A Journal of Law, Technology and Society 305 - 333 (2016).

性,是其与传统技术相比的根本区别所在,这一属性也给予了其代替人类独立进行智力创造的能力。[1] 由此,人工智能生成客体的知识产权认定问题便成了最为突出也最具挑战的新业态下的知识产权保护难题。为此,学者纷纷各抒己见,提出人工智能生成客体的知识产权保护策略。多数学者从著作权法的基本原则与制度框架出发,探究了人工智能生成内容的著作权保护问题;[2] 还有一些学者从专利法的基本原则与制度框架出发,讨论了人工智能生成智力成果的专利保护问题。[3] 然而,必须格外注意的是,目前学界争议重重的人工智能生成客体的知识产权认定问题,只是人工智能新业态下众多知识产权保护问题中较为突出的一类,人工智能技术本体的知识产权规制问题也同样不容忽视。不仅如此,还需要特别强调的是,基于技术本身既可以产生问题也可以解决问题的两面性,人工智能技术本体在实践应用中同样会对知识产权制度的运行产生影响。有鉴于此,为充分明确人工智能新业态下知识产权制度所面临的挑战与困境,有必要采取类型化的方法对人工智能技术发展与应用中所呈现的人工智

---

〔1〕 See Matthew U. Scherer, *Regulating Artificial Intelligence Systems: Risks, Challenges, Competencies, and Strategies*, 29 Harvard Journal of Law & Technology 363 – 369 (2016).

〔2〕 相关论述,参见易继明:《人工智能创作物是作品吗?》,载《法律科学(西北政法大学学报)》2017 年第 5 期;王迁:《论人工智能生成的内容在著作权法中的定性》,载《法律科学(西北政法大学学报)》2017 年第 5 期;熊琦:《人工智能生成内容的著作权认定》,载《知识产权》2017 年第 3 期;刘影:《人工智能生成物的著作权法保护初探》,载《知识产权》2017 年第 9 期;陶乾:《论著作权法对人工智能生成成果的保护——作为邻接权的数据处理者权之证立》,载《法学》2018 年第 4 期。

〔3〕 相关论述,参见朱雪忠、张广伟:《人工智能产生的技术成果可专利性及其权利归属研究》,载《情报杂志》2018 年第 2 期;季东梅:《人工智能发明成果对专利制度的挑战——以遗传编程为例》,载《知识产权》2017 年第 11 期;刘强、周奕澄:《人工智能发明专利审查标准研究》,载《净月学刊》2018 年第 3 期。

能技术本体的知识产权规制困境，以及人工智能生成客体的知识产权认定困境进行分别讨论，力求实现对于人工智能新业态知识产权保护的法律困境的全面阐释。

一、人工智能技术本体的知识产权规制困境

人工智能技术由其基本的智能算法所驱动，并通过相关算法同必要的硬件或场景相结合而形成。在实践中，人工智能技术主要有两种表现形式：一种是受到著作权法规制的人工智能软件；另一种则是受到专利权法规制的人工智能技术产品或方法。但无论是著作权法对于人工智能软件的规制，还是专利权法对于人工智能技术产品或方法的规制，都因人工智能技术本体的复合结构与复杂构成而存在突出的实践困境。通常而言，人工智能是由涉及算法设计、数据整合、语音识别、图像处理等功能的多项技术方案或智能计算机软件所组成的集合性技术应用。由此，就基本架构而言，人工智能并非仅涉及某一特定技术领域的单一技术方案或计算机软件，而是以基础算法为基础，在“大数据”与“大计算”的共同驱动下融入多领域、不同功能维度的多项单一技术方案及计算机软件所形成的综合性成果。进而言之，从人工智能运行中各类单一技术方案及计算机软件的功能形态来看，人工智能基本架构大致可以划分为基础层、感知层、认知层和应用层四个层次，如图 5 - 1 所示。

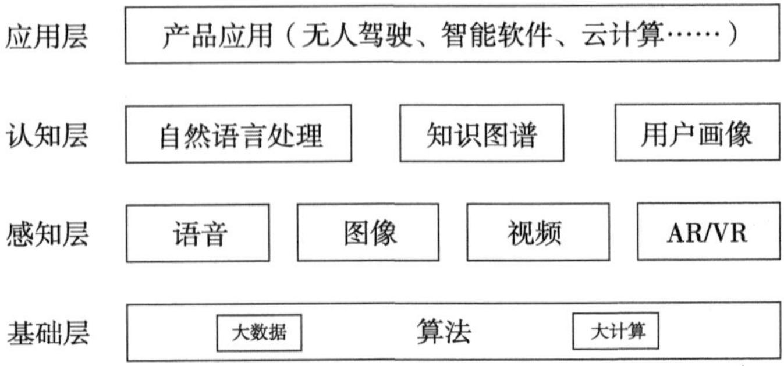

图5－1　人工智能技术的基本架构

人工智能多层次的基本架构是由其运行模式所决定的，更是其复杂性的突出表现。首先，在基础层中人工智能呈现出以算法为核心的大计算驱动和大数据保障的基本运转方式；其次，在感知层中人工智能包含了语音、图像、视频、AR/VR等诸多技术方案及计算机软件；再次，在认知层中人工智能涉及自然语言处理、知识图谱、用户画像等以机器自我学习为核心的多种技术形态；最后，在应用层中人工智能则主要体现为无人驾驶、智能软件等新型产品的商业化运营模式。[1] 从基础层到感知层、认知层，再到应用层的层次划分，相对全面并较为形象地反映了人工智能的基础架构与运行模式。这种多层次、复合性的基础架构与运行模式引发了人工智能技术本体的知识产权规制困境，到底该如何展开人工智能的知识产权保护，以及如何进行人工智能新业态下的知识产权运营是亟需解决的关键问题。尤其是在当前社会分工日益细化、产业合作不断升级的全球价值链下，一项产品中所涉及的不同层面的技术方案及计算机软件往往由不同国家的发明

〔1〕 参见秦健、刘鑫：《人工智能专利技术市场运营的风险与应对》，载《电子知识产权》2019年第2期。

人或设计人所研发,并由不同国家的企业所主导。[1] 人工智能在感知层、认知层、应用层等不同层面的具体技术方案及计算机软件,无疑也会为来自不同国家、涉及不同技术领域与经验范围的企业或者个人所掌控。因此,为平衡人工智能运行中各方主体的利益,实现对人工智能技术方案及计算机软件进行有效且合理的知识产权保护,在探究人工智能技术本体知识产权保护问题时,不能仅仅考察最终产品的知识产权保护问题,而是应当有步骤、分层次地进行多元化的综合考量,实现人工智能技术方案及计算机软件的有序市场运营。

二、人工智能生成客体的知识产权认定困境

人工智能生成客体知识产权认定困境的产生根源在于人工智能主体资格的缺失性。在传统的知识产权理论框架下,权利的产生是以人类本体性的创新行为为基础的。人工智能作为人类创造物,本身即为权利客体,其所生成的内容及发明等相关客体,则为客体生成之客体。人工智能所生成客体的知识产权保护,无疑是对传统民事法律理论下知识产权主、客体框架的重大冲击。[2] 不仅如此,人工智能生成客体的知识产权保护,更会造成对诸如"自然权利论"和"创新激励论"等财产权正当性理论的巨大挑战。无论是近代推动知识产权制度形成的"自然权利论",还是现代促进知识产权制度发展的"创新激励论",都是以人类创造者为逻辑起点的。[3] 为克服这一困境,学者从知识产权制度规制

---

〔1〕 参见付丽霞:《全球价值链下的产业变革与知识产权战略应对——基于〈WIPO 2017 世界知识产权报告〉的分析》,载《中国发明与专利》2018 年第 6 期。

〔2〕 参见吴汉东:《人工智能时代的制度安排与法律规制》,载《法律科学(西北政法大学学报)》2017 年第 5 期。

〔3〕 参见刘鑫:《专利制度的哲学基础及其正当性分析》,载《佛山科学技术学院学报(社会科学版)》2016 年第 2 期。

科技创新成果的工具属性出发，提出了人工智能拟制人格的大胆设想，并主张以此弥补人工智能在法律主体资格方面的缺陷，进而实现人工智能与知识产权法权利主体要求之间的耦合。[1] 事实上，人工智能法律人格本身与社团法律人格在功能上的高度相似性无疑也为此提供了进一步的论证，即二者的法律人格拟制都是围绕一定的核心协议而建立的，唯一有所不同的是，这一协议在社团法人中表现为章程，而人工智能语境下则体现为算法。[2]

诚然，通过一定的法律人格拟制可以使人工智能成为适格的知识产权主体，但要想实现对人工智能生成客体的明确知识产权法律认定，依旧面临着人工智能创新活动的自主性所带来的制度运行困境。人工智能脱离人类干预、自主生成智力成果的过程既打破了人类对于智力创造活动的垄断，也对知识产权制度保护人类创新的主体性传统观念构成巨大冲击。[3] 不仅如此，人工智能跨越技术领域的超强数据抓取与算法整合能力，势必会对著作权法中作品的独创性标准以及专利法中的新颖性、创造性标准构成了极大的挑战，并进一步造成人工智能生成客体在可版权性、可专利性判断中的标准失灵问题。在此基础上，如若人工智能生成客体通过可版权性及可专利性判定，并获得知识产权保护，则会进一步衍生出选择相关知识产权实际控制者的问题。毋庸置疑，对于人工智能的法律人格拟制，使其具有了从适格发明人或设计

[1] See Colin R. Davies, *An Evolution Step in Intellectual Property Rights —— Artificial Intelligence and Intellectual Property*, 27 Computer Law & Security Review 601(2011); Ryan Abbott, *I Think, Therefore I Invent: Creative Computers and the Future of Patent Law*, 57 Boston College Law Review 1079 (2016).

[2] 参见朱程斌:《论人工智能法人人格》，载《电子知识产权》2018 年第 9 期。

[3] See John R. Thomas, *The Patenting of Liberal Professions*, 40 Boston College Law Review 1139 (1999).

人转变为知识产权人的机会，但这种法律人格毕竟是有限度的，正如社团法人需要明确实际控制者一样，在人工智能法律人格的背后，也应确定生成客体知识产权的实际控制者。在人工智能自主生成客体的过程中，编程者、使用者、数据提供者等相关主体所作出的贡献都是最终成果顺利生成的必要条件，而且缺一不可。其中编程者创设了人工智能进行自主创新的运算程序；数据提供者为人工智能进行自主生成客体提供了必要的关键数据；使用者是人工智能启动装置的触发者，直接决定了人工智能自主创新的时间与空间。但是，这些主体之中却没有任何一方完全参与相关作品的创作，整个过程都是由人工智能自主进行的。因而，如何在编程者、使用者、关键数据提供者等对于人工智能生成客体具有间接影响的主体中选出合适的知识产权实际控制者无疑是又一个实践难题。[1] 除此之外，还必须要格外注意的是，如若人工智能生成客体没有通过可版权性及可专利性判定，进入公有领域后也势必会带来一系列的风险控制问题。

第二节　人工智能技术本体知识产权规制困境的法律回应

人工智能技术多层次的基本架构是由其技术运行模式所决定的，更是其技术复杂性的突出表现。进而言之，人工智能并不是一项简单的技术方案或者计算机软件，而是由不同技术领域、不同功能维度的多项技术方案及计算机软件所组成的复合性成

〔1〕 参见刘鑫：《人工智能创造物知识产权保护的正当性释疑——黑格尔"财产权人格学说"下的理论证成与制度调适》，载《科技与法律》2020年第6期。

果。[1] 在人工智能技术多层次的基本架构内部，基础层中的算法是人工智能技术的底层设计，也是人工智能技术的运行指引，直接决定了终极产品的属性与功能；感知层中的技术是配合算法发挥效用的基本工具，通过语音、图像等感知技术与算法结合形成新的技术方案；认知层中的技术是感知层技术与基础层算法进一步融合的产物，既具有认知层技术的基本功能，又与算法完美融合，受算法制约的同时为算法服务；产品层的应用技术是认知层技术的进一步发展与整合。因此，对于人工智能技术本体的知识产权保护也就不能一概而论，而应有步骤、分层次地进行多元化的综合考量。与此同时，对于人工智能技术实施过程中可能出现的诸如“权利丛林”“反公有地”等不同类型的制度运行风险也必须予以高度关注，并分别从企业、产业、社会的现实需要出发，通过推行人工智能技术的合理化知识产权布局、联盟化知识产权管理、平台化知识产权交易等措施，化解人工智能技术知识产权运营中的争议与风险，实现对人工智能新业态的充分知识产权保护与高效知识产权运营。[2]

一、人工智能技术本体知识产权保护的难题与破解

人工智能作为当前备受瞩目的尖端科技已渗透到农业生产、工业制造、金融保险、广告传媒、医疗诊断等各行各业之中，正改变着人类社会的生产生活方式。人工智能的运行以算法驱动和数据保障为基础，并通过语音处理、图像识别等技术完成现实感知与自身认知，从而达到“自动驾驶”“智能管理”等高水准的技术

---

〔1〕 参见刘鑫、覃楚翔：《人工智能时代的专利法：问题、挑战与应对》，载《电子知识产权》2021 年第 1 期。

〔2〕 参见秦健、刘鑫：《人工智能专利技术市场运营的风险与应对》，载《电子知识产权》2019 年第 2 期。

目的,形成相应的人工智能产品。如前所述,从运行模式来看,人工智能的基本架构大致可以划分为基础层、感知层、认知层和应用层四个层次。根据人工智能技术在基础层、感知层、认知层、应用层等不同技术层面的不同表现形式,可版权性及可专利性判断也会因技术形态的不同而存在不同的法律效果,并得出各不相同的结论。除此之外,还需要特别关注的是,在人工智能技术的实践应用过程中,人工智能工具往往会参与智力成果的创造环节,并且由于人工智能参与程度的不同也会引发不同的知识产权问题与挑战。[1] 如若相关智力成果由人工智能辅助生成,则会出现诸如人工智能"洗稿"等不当运用人工智能工具的知识产权侵害风险。由此,为了对人工智能技术本体的知识产权保护问题有一个全面客观的认识,应分别从基础层、感知层、认知层和应用层的具体技术方案或计算机软件入手分析人工智能技术在不同层面的可版权性与可专利性,并结合人工智能辅助创新的运营实践,分析不当运用人工智能工具的知识产权侵权问题及其应对举措。

(一)人工智能基础层中相关算法的知识产权保护

人工智能技术的基础层以算法为核心内容,其不仅是人工智能技术运行基础,更是人工智能技术的本质所在。然而,在可专利性问题上,算法一般并不属于现行专利法所保护的客体范畴。世界各个国家的专利法都对可专利对象进行了限定,这些限定无一例外地都排除了对抽象概念或智力活动规则进行授权,而算法作为人类智力活动的规则和方法的延伸,本身就是一种抽象的概

[1] James Grimmelmann, *There's No Such Thing as a Computer - Authored Work - And It's a Good Thing, Too*, 39 Columbia Journal of Law & the Arts 415 (2016).

念和理论。[1] 由此，算法往往被认为是自然法则或抽象概念而被排除在专利法的保护范围之外。[2]

但是，从近半个世纪来专利制度的发展看，专利法为适应产业与科技的变革，对于保护客体的限制正在日渐弱化。从基因技术专利到商业方法专利，专利法原本对于可专利对象所作的限定正在逐步地被动摇。20 世纪 70 年代以来，第四次科技革命实现基因技术勃兴的同时，也带来了对基因技术以专利保护的产业诉求。基因专利的出现改变了自然发现属于自然法则不具有可专利性的严格限制，并以 1980 年的 Diamond v. Chakrabarty 案为起点形成了基因序列与自然状态不同即可获得专利保护的判例规则，这甚至使作为人体组成部分的人体基因也被纳入了具有可专利性的主题。[3] 网络技术及电子商务飞速发展则引发了给予商业方法以专利保护的社会呼吁。1998 年美国法院在 State Street Bank 案中承认了商业方法的可专利性后，专利制度中长期存在的"商业方法例外"瞬间失去效用。虽然 2008 年美国联邦巡回法院在 In re Bilski 案中引入了商业方法可专利性"机器或转换"检测标准，使商业方法专利授权标准更为严格，但并不能改变商业方法具备可专利性的结论。[4] 有鉴于此，不免引发算法在不久的将来被给予专利保护的猜想。随着人工智能技术市场化与商业化

---

〔1〕 参见郭姝梅：《涉及算法的专利申请审查标准横向研究》，载《专利代理》2016 年第 2 期。

〔2〕 See Liza Vertinsky, Todd M. Rice, *Thinking About Thinking Machines: Implications of Machine Inventors for Patent Law*, 8 Boston University Journal of Science & Technology Law 590 (2002).

〔3〕 参见刘鑫：《试论人体基因的可专利性——Myriad 案之省思》，载《中国研究生》2016 年第 6 期。

〔4〕 参见付丽霞：《美国专利客体制度发展历程的回顾与疏解》，载《中国发明与专利》2019 年第 1 期。

水平的不断提升，作为人工智能技术的基础与主导的算法或许也会基于相关产业的利益诉求而被纳入专利法的保护范畴，打破算法不具有可专利性的传统认知。

未来，如若算法真的被纳入可专利性的客体范畴，必须格外注意算法与现行专利制度所保护的技术方案等客体类型的区别，避免发生算法权力被滥用等算法作恶的情形。算法不同于技术，它是非中立的，其最终效果的发挥很大程度上受制于数据的质量，甚至还会通过特定数据处理与整合主导人类的选择。因为在算法看来“人”仅仅是数据，或是电子痕迹的汇总，经过对数据化、碎片化的资料的整理，便可形成各种各样的自动化区分、评分、排序和决策。[1] 因此，在对算法进行专利保护之前，有必要从算法的本质特点出发，专门建立人工智能算法的审查机制，[2] 以消除算法的规训，并使专利法所保护的算法是规训的算法。[3]

（二）人工智能感知层与认知层中技术及软件的知识产权保护

人工智能感知层和认知层中的技术方案或计算机软件主要是通过算法模型与特定硬件或应用场景相结合而形成的。具体说来，人工智能技术的感知层和认知层中语音、图像、知识图谱、用户画像等技术方案或计算机软件的生成，可以划分为“算法模型 + 特定硬件”和“算法模型 + 应用场景”两种模式。在相关技术方案可专利性判断或计算机软件可版权性判断中，无论是依据哪一种模式所生成的人工智能判断，都必须按照知识产权制度所规

[1] 参见郑戈：《算法的法律与法律的算法》，载《中国法律评论》2018 年第 2 期。

[2] 参见周游：《我国亟待建立人工智能算法审查机制》，载《中国计算机报》2018 年 5 月 14 日，第 12 版。

[3] 参见姜野：《算法的规训与规训的算法：人工智能时代算法的法律规制》，载《河北法学》2018 年第 12 期。

定的具体规则分步骤展开具体的判断与衡量。对于相关技术方案可专利性判断，首先应判断相关技术方案是否属于科学发现、智力活动的规则和方法、疾病的诊断和治疗方法等不授予专利权的客体类型；其次应重点衡量相关技术方案是否符合新颖性、创造性、实用性等专利授权要件。对于计算机软件可版权性判断，首先应判断相关技术方案是否属于著作权法排除的客体范畴；其次应重点衡量相关计算机软件是否符合著作权法所设定的独创性要求。从感知层与认知层中技术方案或计算机软件"算法模型 + 特定硬件"和"算法模型 + 应用场景"的特殊生成模式而言，算法通过与特定硬件或应用场景结合而生成的技术方案或计算机软件，不再是算法本身，一般是不属于知识产权法所排除客体范畴的。与此同时，算法在特定硬件与应用场景中的延伸也使之能够区别于现有技术并应用于生产生活，进而满足著作权法对作品的独创性中"独"的要求，以及专利授权的新颖性与实用性要求，但其是否能符合著作权法对作品的独创性中"创"的要求，以及专利授权的创造性要求，则须根据算法与特定硬件或应用场景的融合程度展开进一步地评定。因此，可以说，人工智能感知层与认知层中技术方案可专利性判断以及计算机软件可版权性判断的核心，即在于相关技术方案是否符合著作权法对作品的独创性中"独"的要求，以及专利授权创新性要件的考量。

以专利授权创新性要件的考量为例，在现行专利制度框架下创造性作为可专利性判断的核心标准，是建立在特定技术领域中一般技术人员的理性人假设基础上的，即以熟知某一技术领域的一般技术人员能否轻而易举地完成技术方案为参照标准来衡量该技术方案的创造性。[1] 因而，对于人工智能感知层和认知层技术的创造性也必须以一般技术人员能否轻而易举完成为基准。基于相关技术方案“算法模型+特定硬件”和“算法模型+应用场景”的特殊产生方式，创新性的判定应当兼顾一般技术人员对算法模型的认知和对特定硬件或应用场景的掌控。有鉴于此，有必要以人工智能感知层与认知层中技术方案“算法模型+特定硬件”和“算法模型+应用场景”的模式划分为基础，分别对相关技术方案的创造性进行分析，从而使人工智能感知层与认知层中技术方案的可专利性标准得以进一步地细化。

首先，在“算法模型+特定硬件”的技术生成模式中，特定的硬件程序只是技术的载体，对于相应技术是否具有可专利性不产生任何实质影响。申言之，决定某一技术是否符合专利授权条件的因素在于算法模型的创造性。如果仅仅把众所周知的老算法通过硬件程序来实现，且没有任何的创造性改进，这一技术方案实质上是能被一般技术人员所轻而易举地完成的，但这并不能满足专利法所规定的专利授权的创造性条件。[2] 只有通过对老算法的创造性改进形成新算法，并对新算法加以硬件实现，才能真正生成一般技术人员轻而易举完成、符合专利授权创造性要求而具备可专利性的技术方案。

其次，在“算法模型+应用场景”的技术生成模式中，新算法的应用同样能够生成具备可专利性的技术方案。但在“老算法模型”与“新应用场景”相结合的情况下，生成技术方案的可专利性

---

〔1〕 参见曾陈明汝：《两岸暨欧美专利法》，中国人民大学出版社2007年版，第39－40页。

〔2〕 See Erica Fraser, *Computers as Inventors – Legal and Policy Implications of Artificial Intelligence on Patent Law*, 13 SCRIPTed: A Journal of Law, Technology and Society 305, 319 (2016).

则应根据实际状况展开更为深入的具体分析。毋庸置疑,老算法在新场景下的应用会产生相应的目的效果,但必须格外注意的是,实现效果的有效性不等于实现了技术方案的创造性,不能将二者混为一谈。在具体技术方案的可专利性判断中,应当以老算法和新场景结合后是否发生“化学反应”,其生成的技术方案能否为一般技术人员所轻而易举地完成为基准。[1] 如若技术方案所依赖的算法与新场景能有效融合,且该技术方案难以为一般技术人员所轻而易举地完成,即可以认为该技术方案是具备可专利性的。反之,则不能成为专利法所保护的对象。

对于相关计算机软件可版权性判断,无疑也需从“算法模型 + 特定硬件”和“算法模型 + 应用场景”的模式划分入手来展开具体分析。因而,基于相关计算机软件的独特生成模式,其可版权性判断在很大程度上是取决于人工智能算法的。只要基础的人工智能算法是新颖的,以其为基础而生成的相应智能计算机软件也势必是具备独创性的,是能够获得著作权保护的。而且,如果基础的人工智能算法是不具有新颖性的老算法,则以其为基础而生成的智能计算机软件的著作权保护问题,须考量相应的应用场景是否为全新,以及人工智能算法是否与应用场景发生有机融合。唯有老算法与新应用场景发生“化学反应”,产生新的独创性特征,相应的智能计算机软件才是著作权法所保护的客体。

(三)人工智能应用层中最终产品的知识产权保护

人工智能应用层技术是以无人驾驶、智能硬件等人工智能产品为主要表现形式的。应用层中最终产品的知识产权保护,取决于产品的性质与结构。如若最终产品是感知层、认知层技术改进

[1] 参见吴汉东等:《知识产权基本问题研究(分论)》(第 2 版),中国人民大学出版社 2009 年版,第 245 页。

或升级而形成的新技术方案或计算机软件，即应依据著作权保护要件及专利授权要件对其可版权性与可专利性展开进一步考察；如若最终产品是诸多感知层、认知层技术方案的功能组合，则无须再检视最终产品的可版权性与可专利性问题，仅探讨感知层、认知层计算机软件或技术方案的可版权性与可专利性即可。在目前市场上出现的人工智能产品中，大多是通过对感知层、认知层技术改进或升级而形成的，其所采用的典型的技术类型依然是“老算法模型 + 新应用场景”模式下所生成的计算机软件或技术方案，因而在对应用层技术进行可版权性及可专利性判断时，主要面临的问题仍然是计算机软件的独创性问题，以及技术方案能否为一般技术人员轻而易举完成的技术创造性挑战。

如前文所述，在对老算法和新场景结合所生成技术方案进行可专利性判断的过程中，技术方案是否能够为一般技术人员轻而易举完成的创造性评价是需要重点考量的问题。老算法和新场景结合所生成技术方案的创造性取决于算法与场景的结合程度，即唯有当老算法和新场景充分融合时，新生成的技术方案才是难以为一般技术人员轻而易举完成的、符合专利授权创造性要件的。如若只是老算法和新场景的简单叠加，则并不是具备可专利性的技术方案。不仅如此，在应用层中“老算法模型”与“新应用场景”相结合生成最终产品的可专利性判断过程中，还应格外注意算法模型与应用场景是否充分公开对最终结果的影响。如图5－2所示，人工智能算法模型本身的工作过程就像是在“黑箱”中进行的，并未被公之于众；而新应用场景则是通过调试实验环境完成，具体运行方式往往不为人们所知晓。在当前实践中，“老算法模型 + 新应用场景”模式所生成的技术方案暂未面临公开充分的问题，对其的可专利性判断并未受到技术公开要素的影响。这既是由人工智能技术的本质属性所决定的，也是未来对人工智能技术进行充分专利保护的必然选择。

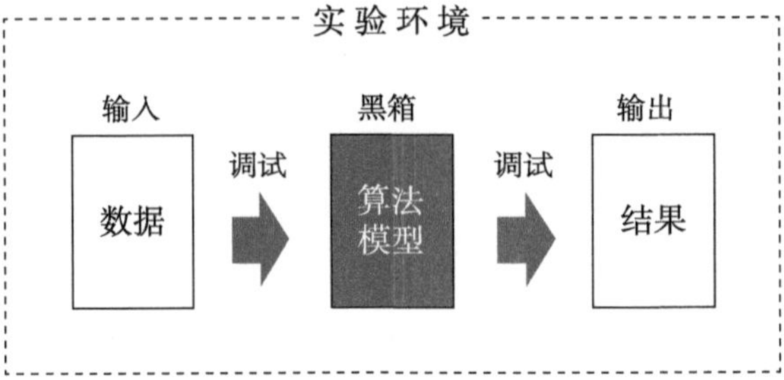

图5－2 “老算法模型＋新应用场景”技术生成模式

(四)人工智能辅助生成智力成果的知识产权侵权问题

人工智能辅助创新,是指人工智能应用工具在运转中辅助人类作者进行智力创造活动。在这一过程中,智力成果的创造主体仍然是人类,人工智能扮演着工具性的角色,并不会像人工智能自主创造一样引发涉及主体性质的严重挑战。[1] 但必须注意的是,由于人工智能算法驱动高效运行模式,即使是智力成果创造中被予以辅助性使用,依然会存在严峻的知识产权侵害风险。这是因为与传统的计算机软件相比,人工智能软件在智能算法的加持下具有超强的数据抓取与挖掘的能力,因而其对于在先智力成果的广泛收集与深度整合往往会带来超越现行知识产权侵权认定标准的权益侵害问题。[2] 实践中,随着人工智能编辑软件的日渐普及,不当使用人工智能软件的行为时有发生,其中最为突出的例证便是网络平台上的人工智能“洗稿”行为。这一行为并非

〔1〕 See Pamela Samuelson, Randall Davis, Mitchell D. Kapor, J. H. Reichman, *A Manifesto Concerning the Legal Protection of Computer Programs*, 94 Columbia Law Review 2308 (1994).

〔2〕 See Bruce E. Boyden, *Emergent Works*, 39 Columbia Journal of Law & the Arts 377 (2016).

著作权法意义上的创作，而是一种“高级”剽窃，人工智能编辑软件在这一过程中沦为辅助剽窃的著作权侵权工具。[1] 除此之外，对于人工智能软件在实践应用中可能出现的“算法黑箱”“算法作恶”等运转失灵问题也必须被给予高度的重视。这是因为一旦人工智能软件出现运转失灵，即使人工智能软件仅仅是作为应用工具对于创作行为起辅助作用，其所得出的结果也大多会远远超越人类的预测范畴，并带来严重的权益侵害。对此，有必要以人工智能软件的基本运行特征为基础，设置与人工智能算法超强数据收集与整合能力相适应的知识产权侵权判断标准，并根据人工智能辅助创新的具体实践，创制相关的知识产权实践指引，避免出现人工智能软件的不当应用与运转失灵。

1. 设置人工智能辅助创新的知识产权侵权标准

人工智能软件所具有的超强运算能力，不仅使其能够辅助创新者在海量的文献资料之中进行大范围的文本数据挖掘，并通过充分的数据梳理与整合形成智力成果，也使知识产权法对于人类创新所设定赋权标准能够通过适当算法运作与数据替换被轻而易举地满足。但是，必须格外注意的是，这种通过人工智能机器的学习等先进功能所开展的辅助创新，实质上是对以受知识产权法保护的众多在先智力成果为基础的一种再创造。在这一过程中，对于在先智力成果的获取与使用无疑存在明显的知识产权侵权风险。[2] 为此，应以人工智能辅助创造中海量数据支持下的算法驱动与机器学习的运作模式为基础，专门设置符合人工智能辅助创新特征的知识产权侵权标准。

---

[1] 参见谢晶：《论微信公众号“洗稿”作品著作权侵权判定》，载《电子知识产权》2019 年第 3 期。

[2] 参见刘友华、魏远山：《机器学习的著作权侵权问题及其解决》，载《华东政法大学学报》2019 年第 2 期。

一般来说，对于知识产权侵权的判定是以"实质性相似 + 接触"规则进行的，即知识产权侵权的成立不仅要求讼争智力成果存在"实质性相似"，而且被控侵权行为人要有"接触"在先智力成果的事实。[1] 在人工智能辅助创新的知识产权侵权判定中，同样应当以"实质性相似 + 接触"规则为基础，分别从人工智能辅助生成内容与在先智力成果是否存在"实质性相似"，以及人工智能辅助创新是否存在"接触"在先智力成果的事实来进行具体衡量。在"实质性相似"标准的判断中，人工智能超强运算能力对于海量数据的快速整合，使其与在先智力成果存在"实质性相似"的内容碎片化，并分散于海量的在先数据资源之中，当前立足于人类创新的全部相似与部分相似指标难以对其进行有效判断；在"接触"标准的判断中，则需对人工智能抓取的海量数据进行逐一甄别，难度极大。对此，应针对人工智能辅助创新的独特情形，积极利用技术手段展开"实质性相似 + 接触"的侵权认定，以一般水平的人工智能软件来追踪人工智能辅助创新中所"接触"的在先智力成果，并评定生成内容是存在与在先智力成果的"实质性相似"。[2]

2. 创制人工智能辅助创新的知识产权实践指引

人工智能文本数据挖掘的先进功能，使其为智力成果的创造活动提供了更为有力的辅助效用，但与之相伴而生的却是人工智能软件被予以不当应用的巨大风险，以及出现无法预估的"算法作恶""算法黑箱"等人工智能软件运行失灵的潜在挑战。因而，为确保人工智能辅助创新积极效用的充分发挥，应就人工智能软

---

〔1〕 参见吴汉东：《试论"实质性相似 + 接触"的侵权认定规则》，载《法学》2015 年第 8 期。

〔2〕 See Ryan Abbott, *I Think, Therefore I Invent: Creative Computers and the Future of Patent Law*, 57 Boston College Law Review 1079 (2016).

件的应用，创制辅助创新的知识产权实践指引，既使人类能够在不侵犯在先作品知识产权的范围内合理应用人工智能软件，辅助智力成果的创造活动，也有效规避“算法作恶”“算法黑箱”等人工智能软件运行失灵的问题。

具体说来，对于人工智能软件在辅助创新过程中的“洗稿”等不当应用行为，首先应依法明确相关行为的违法性及其法律责任，并在此基础上建立知识产权行政执法机关查处机制，以及社会公众举报奖励机制，从而使“洗稿”等不当应用人工智能软件的行为得到有效遏制。[1] 对于“算法作恶”“算法黑箱”等人工智能软件运行失灵的问题应通过对人工智能软件运行过程的充分监控来予以有效规避。作为人工智能软件运转核心的算法，在本质上是非中立的，其最终效果的发挥很大程度上受制于数据的质量。[2] 唯有尽可能确保充分的数据资料供给，才能最大限度地实现人工智能算法输出结果的准确性。因此，要在适当的限度内应用人工智能软件，只有这样，才能避免出现“算法作恶”“算法黑箱”等人工智能软件运行失灵的情况，并以“规训的算法”充分发挥其辅助创新的积极效用。[3]

二、人工智能技术本体知识产权运营的风险与应对

知识产权制度作为一种市场驱动力，通过经济回报激励人们积极开展技术研发。[4] 但这种经济回报是以赋予权利人对智力

---

[1] 参见胡志斌：《“洗稿”的违法性解析与法律规制》，载《出版发行研究》2018 年第 11 期。

[2] 参考郑戈：《算法的法律与法律的算法》，载《中国法律评论》2018 年第 2 期。

[3] 参见姜野：《算法的规训与规训的算法：人工智能时代算法的法律规制》，载《河北法学》2018 年第 12 期。

[4] See Robert P. Merges, Peter S. Menell, Mark A. Lemley, *Intellectual Property in the New Technological Age*, 6th edition, Wolters Kluwer Law & Business, 2012, p. 131.

成果以独占的垄断权的方式来实现的，技术垄断所带来的巨大运行风险也往往会相伴而生。[1] 就人工智能技术而言，技术框架的多层性无疑会带来权利归属的分散性，并加剧上下游产业之间的依赖与制约。一般来说，相关企业为保证人工智能产品研发工作的顺利进行，势必要对从基础层到应用层各个层面知识产品进行充分掌控，避免因某一层级或某几层级的核心技术旁落带来长期发展中的受制于人。由于经济利益的驱使，很多企业为增强市场竞争力、攫取垄断地位，往往会对人工智能技术中的某一个或者某几个层面的核心技术进行大范围的知识产权布局，尤其是在感知层和认知层的中间技术无疑会成为知识产权争夺的焦点。在感知层中，由于相关技术较为基础，专利申请的门槛也相对较低，相关企业激烈的专利竞赛往往会引发以大量专利层叠为表现形式的"专利丛林"困境；而在认知层中，由于相关技术的难度较高，核心技术往往为少数权利人所掌控，往往会带来以技术片面独占为表现形式的"反公有地"悲剧。

其中，"专利丛林"，是指两个或两人以上的发明人或相关人对某一技术或该技术的某一技术层面均享有专利权的保护。[2] 在人工智能技术的实际运营中，由不同企业开发的不同人工智能产品所采用的语音技术、图像技术、视频技术等感知层的中间技术，实质上是基本相同的。以感知层中的语音技术为例，各种人工智能产品都将它作为产品运行的基础。无论是当前备受推崇的无人驾驶，还是日常生产生活中的其他智能硬件，无一例外离

---

〔1〕 See Daniel J. Hemel, Lisa Larrimore Ouellette, *Beyond the Patents – Prizes Debate*, 92 Texas Law Review 303 (2013).

〔2〕 See Carl Shapiro, *Navigating the Patent Thicket: Cross Licensing, Patent Pool and Standard Setting*, 1 Chapter in NBER book Innovation Policy and the Economy 119 (2001).

不开语音技术的支持。相应地，各大人工智能研发企业所掌控的大量相关知识产品也会存在诸多的交叉与重叠，进而出现人工智能技术运行的专利丛林问题。如图 5 - 3 所示，在语音技术领域，技术特征 a、b、c 等为人工智能技术发展所必需，相关人工智能企业所控制的语音技术专利也就会存在以技术特征 a 为基础的专利 A，以技术特征 a、b 为基础的专利 B，以技术特征 b、c 为基础的专利 C，以及包含更广泛技术特征的专利 D、E、F 等诸多情况。在实践中，语音技术包含的技术特征可能会有成百上千个，相关的知识产品也会远远超过列举的数量。这样一来，人工智能产品的研发与运行难以绕过错综复杂的专利丛林。企业为避免权利纠纷就必须充分控制人工智能产品所涉及的感知层知识产品，或者充分取得相关专利权人的使用许可，这无疑增加了最终产品合法制造的难度，也平添了巨大的生产成本。不仅如此，如若相关知识产品为并非由权利人自己去使用，而是被依赖专利侵权诉讼来获得利益的“专利蟑螂”所收购，人工智能企业将深陷滥诉泥潭，人工智能技术的市场运营秩序也将被严重扰乱。[1]

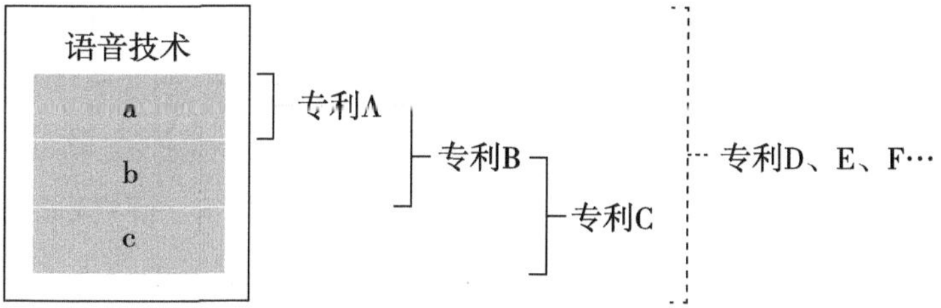

图 5 - 3 人工智能感知层(语音)技术专利丛林现象

“反公有地”，是指专利财产的排他占有和垄断使用制约了人

[1] See Donald S. Chisum, *Reforming Patent Law Reform*, 3 John Marshall Review of Intellectual Property Law 336 (2005).

们对知识财富共有和知识利益共享的负面效应。[1]在人工智能技术的实际运营中,认知层中以机器自我学习为基础的自然语言处理、知识图谱、用户画像等是人工智能产品生成的核心技术,直接决定了相关产品的性能和功效。一般而言,基于认知层技术高难性和关键性,相应的专利也往往由具备较高研发水平和较大投入程度的少数科技型企业所掌控。而且,在实践中,企业在认知层中某个关键技术获取专利授权后,往往会以其为基本专利,将有关改进技术及外围技术申请专利,使相关技术的影响范围得以不断扩大、自身的市场垄断地位得以有效维持,但同时带来了技术片面独占的"反公有地"问题,严重制约了社会层面的知识共享和累积创新。如图 5 -4 所示,一项基础专利通过改进和延伸,可以生成外围专利 A、外围专利 B、外围专利 C 等多项外围专利,并可以由此构造一个基本技术和相关技术联结的专利网,形成技术优势。在实践中,相关情况会更加复杂,基础专利所衍生出的外围专利并不局限于图中外围专利 A 至 H 八种类型。只要技术领域足够宽广,一项基础专利生成数以千计的外围专利不在话下。不仅如此,将所生成的某项外围专利作为基础专利再次向外扩展,仍可生成大量的次级外围专利,进而形成更为复杂的专利网络。基于人工智能认知层中相关技术的关键价值,企业往往采用由基础专利生成外围专利的专利网络化模式来维持自身对核心技术的垄断,保证其相关产品的市场占有。但随着相关企业专利网络的不断扩大,专利制度的作用则会发生异化,不再仅仅是对认知层技术的法律保护,更是企业控制相关市场的工具,反公有地悲剧也会随之愈演愈烈,甚至造成对社会公共利益的巨大损害。

---

〔1〕 See Michael A. Heller, *The Tragedy of the Anticommons: Property in the Transition from Marx to Markets*, 111 Harvard Law Review 621 (1998).

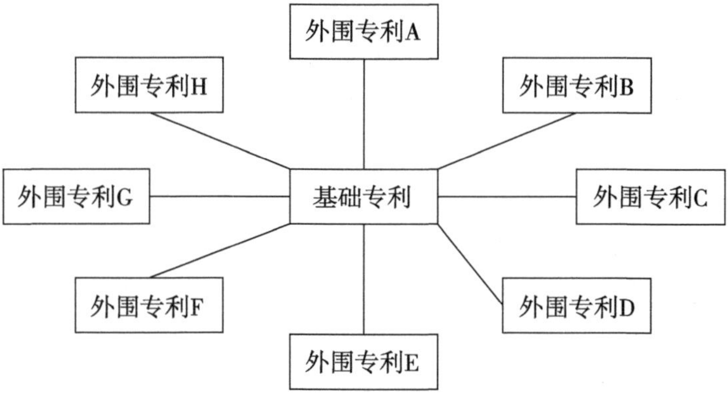

图5-4　人工智能认知层技术的专利网络化

由此可见,在人工智能技术多层次的复杂架构中,在不同技术层次中的技术方案与计算机软件呈现出不同知识产权运营风险。因此,为保证人工智能技术的合理知识产权保护,相关专利运营策略的制定与选择必须以人工智能技术的层次化特点为基础。有鉴于此,有必要从不同层次中人工智能技术的知识产权运营风险出发,结合企业、产业、社会的发展需要与运行实践,有针对性地提出人工智能技术的多元化知识产权运营策略,从而实现对人工智能技术本体的充分知识产权保护与高效知识产权运营。

(一)企业层面:实现人工智能技术的合理化知识产权布局

在企业层面上,实现人工智能技术有效运营的核心在于实现人工智能技术的合理化知识产权布局,保证知识产权保护对人工智能技术各层级中相关技术的全覆盖。知识产权布局作为企业根据自身商业战略和市场竞争环境,申请合理数量和结构的知识产权组合的过程,在人工智能这种新兴技术的研发与应用的过程中格外重要。它不仅可以提升人工智能产品的附加值,还能够避免在人工智能产品的制造与销售中出现知识产权侵权纠纷。[1] 基于人工智能技术多层次的基本架构，相关企业在进行专利布局时应根据不同层次中技术的不同特点，从围堵式、地毯式、围墙式等知识产权布局方式中选择适当的一种类型，或者几种类型相辅相成以形成符合相关产品与技术发展需要的知识产权布局策略。[2] 例如，在人工智能技术的感知层中，语音技术、视频技术等技术方案都相对较为基础，技术门槛较低，因而企业应采用地毯式的布局策略，尽可能多地实现对技术的覆盖，以避免知识产权侵权纠纷，不给“专利蟑螂”等投机者任何可乘之机；在人工智能技术的认知层中，自然语言处理、知识图谱等技术方案都具有较高技术含量，技术门槛较高，因而企业应采用围堵式或者围墙式的布局策略，预防竞争对手的技术模仿，维护自身竞争优势。

（二）产业层面：引入人工智能技术的联盟化知识产权管理

在产业层面上，实现人工智能技术有效运营的重点在于引入人工智能技术的联盟化知识产权管理，构建针对人工智能技术的专利联盟等一系列的知识产权联盟，使各个层次的人工智能技术能够在联盟内部成员之间以知识产权独立许可与一站打包许可并存、自愿协商许可与法律强制许可共存的多元许可方式，实现相关技术的充分转化与高效应用。[3] 专利联盟，又称专利池，是指两个或两个以上的专利权人达成协议，相互间交叉许可或共同

---

〔1〕 参见周大成：《企业专利布局实践探讨》，载《中国发明与专利》2017 年第 1 期。

〔2〕 参见裘江南、张野：《中国高技术企业国际化中的专利布局研究》，载《科研管理》2016 年第 11 期。

〔3〕 参见刘鑫：《TPP 背景下基因药品专利池之构建、管理与运行》，载《电子知识产权》2015 年第 11 期。

向第三方许可其专利的联营性组织。[1] 专利联盟最早产生于19世纪的美国，以1856年成立的美国缝纫机专利联盟为标志，随着科学技术尤其是电子通信技术的发展，DVD 6C、DVD 3C、MPEG－2等影响全球的各类专利池相继建立，有效地降低了交易成本，消除了障碍专利，加强了技术互补，极大地遏制了“专利丛林”现象出现和“反公有地”悲剧发生。[2] 在人工智能技术的基本架构下，感知层知识产品层叠化的“专利丛林”危机和认知层知识产品网络化“反公有地”风险，都会成为影响人工智能技术进步及人工智能产品创新的法律阻碍与市场壁垒。因此，为保证人工智能技术的有序发展，应在人工智能产业中构建起由市场上主要人工智能技术领先企业为主导，允许相关市场主体自由参加的开放式专利联盟，降低企业间知识产品转让的交易成本，最大限度地规避人工智能技术知识产权运营中的市场风险与法律风险，推动人工智能新业态的健康发展。

（三）社会层面：推进人工智能技术的平台化知识产权交易

在社会层面上，实现人工智能技术有效运营的关键在于推进人工智能技术的平台化知识产权交易。例如，可以通过引入专利当然许可制度，构建专门的人工智能知识产品交易平台，使相关知识产品的市场交易由原先经不同技术层次中诸多专利权人逐个许可使用的“专利集市”模式转变为专利当然许可制度下专利许可无须同权利人协商，而直接根据专利的当然许可声明实施知识产品的“专利超市”模式。[3] 然而，必须格外注意的是，以专利

---

〔1〕 See Steven C. Carlson, *Patent Pools and the Antitrust Dilemma*, 16 Yale Journal on Regulation 359 (1999).

〔2〕 参见詹映：《专利池管理与诉讼》，知识产权出版社2013年版，第2－4页。

〔3〕 参见曾学东：《专利当然许可制度的建构逻辑与实施愿景》，载《知识产权》2016年第11期。

当然许可制度为基础所构建的知识产品交易平台在适用范围上存在一定的局限性。因为企业并不会将其作为生存根本的核心技术申请当然许可,在这一专利交易平台之上出现的知识产品往往只是企业的非核心知识产品,或者国家政策支持下具有公益性质的知识产品。〔1〕从人工智能技术的基本架构出发,只有感知层中市场应用较为普遍的语音技术、视频技术的基础性专利可能会被企业申请当然许可,放入专利交易平台之上,而认知层、应用层中人工智能产品生成的核心技术则不会被纳入当然许可的范畴。但是,并不能因此否定以当然许可制度为基础构建知识产权交易平台的社会举措对人工智能技术的价值。相比企业之间的专利联盟,当然许可虽不能囊括所有技术成果,但在技术使用上更为简便,且无须通过协商即可取得许可。因此,可以说,当然许可制度下的社会化专利交易平台是产业内部专利联盟机制的一种补充,为相关人工智能技术的实施提供了更为普适性的方式与途径,极大地助力了人工智能新业态的发展。

第三节　人工智能生成智力成果知识产权认定困境的法律出路

在知识产权法的制度框架下,机器是以保护对象和研发工具的形式而存在的。一方面,机器作为技术研发的成果受到知识产权法的保护;另一方面,机器又作为成果研发的工具加速智力成果的生成。然而,随着新技术革命的持续推进,机器已由传统意义上的装置、设备逐步发展成为具有自主创新能力的人工智能,

---

〔1〕 参见刘鑫:《专利当然许可的制度定位与规则重构——兼评〈专利法修订草案(送审稿)〉的相关条款》,载《科技进步与对策》2018 年第 15 期。

并且不再仅是技术研发的辅助工具，而是演变为能够在没有人类控制与干预的情况下进行自主创造的研发“主体”。人工智能脱离人类控制与干预的自主性，是其与早先技术相比的根本区别所在。这一属性给予了其代替人类独立进行技术研发的能力，但也给知识产权法等相关法律规范带来了重大挑战。[1] 人工智能这种独立运行的自主性引出了一个主体性质层面的基础问题，即人工智能是否能够成为智力成果创造主体的讨论。与此同时，人工智能所生成的智力成果能否获得知识产权、获得知识产权保护后的权利配置和进入公共领域后的风险控制等一系列知识产权制度层面的法律适用难题都应运而生。

然而，针对上述问题，目前还没有直接的法律规定，也没有确定的政策。换言之，人工智能生成智力成果在知识产权行政管理中如何定位，以及在知识产权司法诉讼中如何应对都未有定论。[2] 基于此，学者纷纷各抒己见，提出人工智能生成智力成果的知识产权保护对策。Colin R. Davies 提出为人工智能创设一种新法律人格的立法设想，并以此化解人工智能生成智力成果的知识产权保护难题。[3] Liza Vertinsky 和 Todd M. Rice 从专利申请和专利许可等不同层面分析了人工智能生成智力成果对专利法的挑战。[4] Ben Hattenbach、Joshua Glucoft、Erica Fraser 则从人

---

〔1〕 See Matthew U. Scherer, *Regulating Artificial Intelligence Systems: Risks, Challenges, Competencies, and Strategies*, 29 Harvard Journal of Law & Technology 363 (2016).

〔2〕 See Ryan Abbott, *I Think, Therefore I Invent: Creative Computers and the Future of Patent Law*, 57 Boston College Law Review 1079 (2016).

〔3〕 Colin R. Davies, *An Evolution Step in Intellectual Property Rights — Artificial Intelligence and Intellectual Property*, 27 Computer Law & Security Review 601 (2011).

〔4〕 Liza Vertinsky, Todd M. Rice, *Thinking About Thinking Machines: Implications of Machine Inventors for Patent Law*, 8 Boston University Journal of Science & Technology Law 574 (2002).

工智能生成智力成果进入公有领域的法律风险和纳入专利保护的现实困境两个层面展开论述。[1] 与此相对,我国学者关于人工智能生成物知识产权保护的探讨主要集中于著作权保护问题。[2] 虽有少数学者对专利保护的问题有所涉及,却也各有侧重,且并未形成系统化的研究成果。[3] 有鉴于此,有必要从知识产权法的理论基础与运行模式出发,在厘定专利保护人工智能生成智力成果与传统理论之间的冲突与争议的基础之上,剖析人工智能生成智力成果知识产权保护适格性、获得知识产权保护后的权利配置和进入公共领域后的风险控制等实践难题,并有针对性地提出切实有效的法律对策。

一、人工智能生成智力成果知识产权认定的理论争议与克服

人工智能生成智力成果知识产权认定的理论争议源自人工智能本身法律主体资格的缺失。也正是人工智能本身法律主体资格的缺失,对于其生成智力成果知识产权保护往往存在巨大的

---

[1] Ben Hattenbach, Joshua Glucoft, *Patents in an Era of Infinite Monkeys and Artificial Intelligence*, 19 Stanford Technology Law Review 32 (2015); Erica Fraser, *Computers as Inventors – Legal and Policy Implications of Artificial Intelligence on Patent Law*, 13 SCRIPTed: A Journal of Law, Technology and Society 305 (2016).

[2] 相关论述,参见易继明:《人工智能创作物是作品吗?》,载《法律科学(西北政法大学学报)》2017 年第 5 期;王迁:《论人工智能生成的内容在著作权法中的定性》,载《法律科学(西北政法大学学报)》2017 年第 5 期;熊琦:《人工智能生成内容的著作权认定》,载《知识产权》2017 年第 3 期;刘影:《人工智能生成物的著作权法保护初探》,载《知识产权》2017 年第 9 期;陶乾:《论著作权法对人工智能生成成果的保护——作为邻接权的数据处理者权之证立》,载《法学》2018 年第 4 期。

[3] 相关论述,参见梁志文:《论人工智能创造物的法律保护》,载《法律科学(西北政法大学学报)》2017 年第 5 期;朱雪忠、张广伟:《人工智能产生的技术成果可专利性及其权利归属研究》,载《情报杂志》2018 年第 2 期;刘鑫:《人工智能生成技术方案的专利法规制——理论争议、实践难题与法律对策》,载《法律科学(西北政法大学学报)》2019 年第 5 期。

理论障碍。在众多知识产权制度的基础理论之中,无论是近代推动知识产权制度形成的自然权利论,还是现代促进知识产权制度发展的创新激励论,都是以人类的主体性为理论起点的。[1] 基于此,要想对人工智能生成智力成果予以有效的知识产权保护,则须运用知识产权正当性理论对人工智能在没有人类干预与控制的情况下自动生成智力成果的行为进行合理解释,以化解人工智能法律主体资格缺失所带来的理论争议。

(一)自然权利论层面的困境与破解

知识产权制度肇始于资本主义商品经济的兴起,并随着科技与经济的变革,逐步从封建特许的垄断权发展为法律保护的财产权。与此同时,为说明赋予智力成果以财产权的适格性,洛克的劳动学说及黑格尔的人格学说等证成有形财产所有权正当性的理论也常常被用来解释知识产权制度的正当性。然而,在人工智能自动生成智力成果的情况下,创新的主体不再是传统意义上的自然人,而是以数据和算法为基础的机器人,以人的生存与发展为理论依据的自然权利论无疑将面临巨大的挑战。如何实现自然权利论与人工智能的契合以证成人工智能生成智力成果知识产权保护的正当性也成为新的理论难题。基于此,下文将以洛克的劳动学说及黑格尔的人格学说为例,探究自然权利论与人工智能生成智力成果知识产权保护的理论冲突与协调路径。

根据洛克的劳动学说,劳动是人自己身体的延伸,即劳动是人的身体和属于人身的双手所进行的工作,而个人又对自己的人身享有独占的所有权,因而财产的渊源可以归结为:“只要他使任何东西脱离自然所提供的和那个东西所处的状态,他就已经在那

---

[1] 参见刘鑫:《专利制度的哲学基础及其正当性分析》,载《佛山科学技术学院学报(社会科学版)》2016年第2期。

个东西上掺进他的劳动,加进了他自己的某种东西,而使它成为他的财产。"[1]为证成专利财产权的正当性,劳动学说中的"劳动"被延伸到研发知识产品的脑力劳动之上,[2]即以无形的脑力劳动作为无形的知识财产权的合法性基础,将劳动学说的适用范围拓展到知识产权等无形财产权。[3] 然而,在人工智能生成智力成果的过程中,作为人类创造物的人工智能所付出的"劳动"并不是人类身体的延伸,而只是机器人先进功能的体现。如此一来,也就无法再用传统意义上的"劳动"作为桥梁,证成人工智能生成智力成果知识产权保护的合理性。但是,这并不意味着劳动学说完全失去了适用的空间。对此,可将劳动学说中的"劳动"概念进行目的解释,从而将人工智能生成智力成果的"劳动"解释为人工智能研发者"劳动"的延续,这无疑是采用劳动学说证成人工智能生成智力成果知识产权保护正当性的一种有效尝试。[4]

根据黑格尔的人格学说,财产权的正当性基础被构筑在"意志—人格—财产"的哲学范畴上。[5] 财产是人生存和发展的基础,对此黑格尔的表述是"人把他的意志体现于物内,这就是所有权的概念"[6]。以财产权为基础的意志自由是人格的本质内涵。一个人只有拥有了稳定的财产,他才能依靠所掌握的财产而实现

〔1〕 [英]洛克:《政府论》(下篇),叶启芳、瞿菊农译,商务印书馆1964年版,第19页。

〔2〕 See Douglas G. Baird, *Common Law Intellectual Property and the Legacy of International News Service v. Associated Press*, 50 University of Chicago Law Review 411 (1983).

〔3〕 参见易继明:《评财产权劳动学说》,载《法学研究》2000年第3期。

〔4〕 参见刘鑫:《人工智能对知识产权制度的挑战与破解——洛克"财产权劳动学说"视角下的路径选择》,载《云南社会科学》2020年第6期。

〔5〕 参见吴汉东:《法哲学家对知识产权法的哲学解读》,载《法商研究》2003年第5期。

〔6〕 [德]黑格尔:《法哲学原理》,范扬、张企泰译,商务印书馆1961年版,第59页。

其人格自由的愿望。[1] 人格学说“意志—人格—财产”的理论结构在专利法中无疑体现得更为基础。专利权作为一种无形财产权，直接保护了人类的创造意志，体现了发明人的人格，而无须像所有权一样进行物化。因而，从以人格的享有为基础而控制财产权的理论证成模式中也就不难得出知识产权应该成为一种受法律保护的财产权的结论。然而，人工智能本身作为人类创造物，虽能自主生成智力成果，但其进行技术创造并非人工智能意志的体现。[2] 同时，正是因为人工智能不具有人格属性，所以它既不具有自己获取知识产权的资格，也没有自己参与诉讼活动的能力。[3] 概言之，人格学说证成人工智能生成智力成果知识产权保护正当性的最大障碍即为人格要素的缺失。但是，随着人工智能技术水平的不断提升，人工智能逐步开始具备一定的自由意志。目前，一些学者提出赋予人工智能以法律人格的制度设想，[4] 这便是实现人格学说与人工智能生成智力成果知识产权保护相契合的一种可行举措。[5]

（二）创新激励论层面的争论与调适

创新激励论作为证成知识产权制度正当性的重要理论，其经济学含义是建立在利益最大化假设的基础之上的，即通过物质激

---

〔1〕 See Justin Hughes, *The Philosophy of Intellectual Property*, 77 Georgetown Law Journal 287 (1988).

〔2〕 See Tom G. Palmer, *Are Patents and Copyrights Morally Justified – the Philosophy of Property Rights and Ideal Objects*, 13 Harvard Journal of Law & Public Policy 817 (1990).

〔3〕 See Liza Vertinsky, Todd M. Rice, *Thinking About Thinking Machines: Implications of Machine Inventors for Patent Law*, 8 Boston University Journal of Science & Technology Law 574 (2002).

〔4〕 参见袁曾：《人工智能有限法律人格审视》，载《东方法学》2017 年第 5 期。

〔5〕 参见刘鑫：《人工智能创造物知识产权保护的正当性释疑——黑格尔“财产权人格学说”下的理论证成与制度调适》，载《科技与法律》2020 年第 6 期。

励手段充分调动人们的创新热情,实现整个社会经济利益的最大化。[1] 一般来说,人的能动创造力包含发展奋斗与惰性两方面的倾向,在个人生活和社会生活中都是固有的。积极性往往为惰性所抵消,能动的创造力则会因使人意志退化的懒惰而消失,生产力也会因懒散而丧失。[2] 因此,为充分激发人们的技术创新活力,知识产权法给予智力成果创造者以一个合理、确定的经济回报。[3] 正如亚伯拉罕·林肯所言,专利制度通过提供必要的"利益之油",激发了创造性劳动——也就是"天才之火"。[4] 但是,在人工智能自动生成智力成果的情况下,有学者以创新激励论为基础,提出了否定人工智能生成智力成果知识产权保护的观点,即知识产权制度的目的在于激励创新,但要人工智能完成创新工作只需被按下开关或接通电源,并不需要经济激励,所以无须赋予其所生成的智力成果以知识产权。[5] 基于此,下文将对创新激励论的理论局限及其证成人工智能生成智力成果知识产权保护正当性之争议的化解方式进行分析。

知识产权制度作为一种市场驱动力,通过经济回报激励人们

---

〔1〕 激励和威慑都以利益最大化假设为出发点的功利主义理论,只是二者的作用方向不同,激励在于促进,而威慑在于制止,故激励理论适用于民事法律制度之中,而威慑理论适用于刑事法律制度中。See Dan M. Kahan, *Social Influence, Social Meaning, and Deterrence*, 83 Virginia Law Review 349 (1997).

〔2〕 参见[美]E. 博登海默:《法理学:法律哲学与法律方法》,邓正来译,中国政法大学出版社2004年版,第407页。

〔3〕 See Dirk Czarnitzki, Andrew A. Toole, *Patent Protection, Market Uncertainty, and R&D Investment*, 93 The Review of Economics and Statistics 157 (2011).

〔4〕 参见[美]Martin J. Adelman, Randall R. Rader, Gordon P. Klancnik:《美国专利法》,郑胜利、刘江彬主持翻译,知识产权出版社2011年版,第6页。

〔5〕 See Pamela Samuelson, *Allocating Ownership Rights in Computer - Generated Works*, 47 University of Pittsburgh Law Review 1199 (1986).

积极开展创新活动。[1] 但这种经济回报是以赋予创新者对智力成果以独占的垄断权的方式来实现的,而垄断所带来的巨大社会成本也往往会相伴而生。[2] 不仅如此,创新激励论并不是在所有领域中都可以证成知识产权制度的正当性。例如,更新换代迅速的计算机软件及半导体产业中,知识产权制度在激励创新上并不像传统观念中认为的那么有用。因为在上述技术领域中创新是相继和互补的,无知识产权保护对社会福利和发明人权益可能更好,通过竞争和模仿反而会使创新者利润增加。[3] 与此同时,也并不是所有研发主体的内在动机都可以用创新激励论进行诠释。例如,大学等科研机构的技术研发,一般就不需要知识产权激励。[4] 因为大学中的科研人员进行技术创新往往不是以市场回报为基础的,同辈中的声誉、精神上的奖励(如诺贝尔奖等)往往是更为重要的创新动因。[5] 由此可见,创新激励论实质上是存在很大理论局限的,只有在诸如生物制药等科研成本巨大的产业或领域中,创新激励论才能充分证成知识产权制度的正当性。

基于人工智能技术高投入和高风险的特性,相关技术的研发

---

〔1〕 See Robert P. Merges, Peter S. Menell, Mark A. Lemley, *Intellectual Property in the New Technological Age*, 6th edition, Wolters Kluwer Law & Business, 2012, p. 131.

〔2〕 See Daniel J. Hemel, Lisa Larrimore Ouellette, *Beyond the Patents - Prizes Debate*, 92 Texas Law Review 303 (2013).

〔3〕 See James Bessen, Eric Maskin, *Sequential Innovation, Patents, and Imitation*, 40 RAND Journal of Economics 611 (2009).

〔4〕 See Mark A. Lemley, *Are Universities Patent Trolls*, 18 Fordham Intellectual Property, Media & Entertainment Law Journal 611 (2008).

〔5〕 See Dan L. Burk, Mark A. Lemley, *Tailoring Patents to Different Industries*, in Emanuela Arezzo & Gustavo Ghidini eds., Biotechnology and Software Patent Law, Edward Elgar Publishing Limited, 2011, p. 12.

与运用往往为大型商业主体所主导。[1] 这无疑与生物制药产业的运营模式颇为相似,因而,可以认为,人工智能产业的运营也是需要以创新激励论为依据的知识产权保护的。虽然在人工智能自动生成智力成果的情况下,作为技术“研发者”的人工智能不能被激励,创新激励论证成人工智能自动生成智力成果知识产权保护的可行性争议也由此产生,但是人工智能科学家是可以为知识产权制度所激励的,相关上游产业也需要通过知识产权制度推进人工智能生成智力成果的商业化,进而获得相应的市场收益。[2] 因此,通过对激励对象的扩大解释,可以认为创新激励论是证成人工智能自动生成智力成果知识产权保护正当性的重要理论依据。

二、人工智能生成智力成果知识产权认定的实践困局与出路

人工智能生成智力成果不仅引发了知识产权正当性证成中的理论争议,更由于相关法律关系的复杂性,造成了知识产权制度运行中诸如人工智能生成智力成果在可版权性、可专利性判断中的标准失灵问题、获得知识产权保护后的权责分配问题以及进入公有领域后的风险控制等一系列实践难题。为提出有针对性的解决对策,有必要从人工智能的技术特性出发,对其生成智力成果进行知识产权保护的实践难题展开深入分析,从而明确人工智能技术与知识产权制度的冲突内容,找出法律失灵的症结所在。

---

〔1〕 See Matthew U. Scherer, *Regulating Artificial Intelligence Systems: Risks, Challenges, Competencies, and Strategies*, 29 Harvard Journal of Law & Technology 363 (2016).

〔2〕 See Ryan Abbott, *I Think, Therefore I Invent: Creative Computers and the Future of Patent Law*, 57 Boston College Law Review 1079 (2016).

（一）人工智能生成智力成果在可版权性及可专利性判断中标准失灵问题

可版权性判断与可专利性判断是一项智力成果获得知识产权保护的先决条件，在人工智能生成客体的知识产权认定中处于基础与前提的地位。无论是相关智力成果获得知识产权保护后的权责分配问题，还是其进入公有领域后的风险控制问题，都是以可版权性、可专利性判定的结果为逻辑起点。但是，人工智能算法驱动、数据保障的特殊运行模式，往往致使人们在对其生成的智力成果进行可版权性、可专利性判断的过程中，著作权法对于相关内容的独创性要求，以及专利法对于相关技术的创造性要求都将面临新的挑战，甚至存在标准失灵的风险。

人工智能“算法＋数据”的特殊运行机制，使其能够突破人类智能下对于智力成果创造的理性限定。无论是著作权法对于相关内容的独创性要求，还是专利法对于相关技术的创造性要求，都能被人工智能超强的数据检索与处理能力所轻易攻破。例如，在人工智能生成相关技术的创造性判断中，人工智能对于数据和资料不区分技术领域的广泛利用，使一般技术人员所需掌握的技术范围急剧扩大，而不再被限定在特定技术领域之内，彻底打破不同技术领域之间的壁垒，进而致使一般技术人员的理性人假设失去适用空间，造成现行创造性标准的效果失灵。[1] 不仅如此，在对人工智能生成智力成果新颖性的判断过程中，还需要格外注意其生成的智力成果与基本的算法、数据是否存在差异，如若其生成的智力成果与其中的算法或数据没有本质区别，即使智力成果不同于现有的作品与技术，也不能判定其具有可版权性或可专

---

〔1〕 See Ryan Abbott, *I Think, Therefore I Invent: Creative Computers and the Future of Patent Law*, 57 Boston College Law Review 1079 (2016).

利性。[1]

有鉴于此,为破解人工智能生成智力成果进行可版权性、可专利性判断过程中的标准失灵问题,应在现行著作权独创性要求以及专利法创造性要求的基础上,结合人工智能技术的特性予以适当的明确和变通,创立符合人工智能生成智力成果需要的可版权性、可专利性标准。既要避免对人工智能生成智力成果的不良保护,又要防止对人工智能所生成智力成果的过度保护,从而实现对人工智能生成智力成果可版权性及可专利性的合理判定。[2] 例如,针对人工智能生成智力成果过程中不区分技术领域所引发的现行一般技术人员标准适用困境,即应提高一般技术人员的技术水平,以人工智能所具有的技术能力为基准对相应智力成果的创造性进行判断。为达到人工智能生成智力成果过程中的技术水平,应将现行专利制度中的一般技术人员升级为配备超级电脑的一般技术人员,即以具备平均水平的超级电脑的数据收集和计算的能力来衡量人工智能生成智力成果的创造性。[3] 换言之,在判断人工智能生成智力成果的创造性时,应以"一般技术水平的人工智能"取代一般技术人员作为判断标准,从而实现对人工智能生成智力成果可专利性的合理评判。[4] 此外,需要格外注意的是,实践中并不是所有智力成果都由人工智能生成。对于人类所

---

〔1〕 See Erica Fraser, *Computers as Inventors – Legal and Policy Implications of Artificial Intelligence on Patent Law*, 13 SCRIPTed:A Journal of Law, Technology and Society 305 (2016).

〔2〕 参见刘强、周奕澄:《人工智能发明专利审查标准研究》,载《净月学刊》2018 年第 3 期。

〔3〕 See Liza Vertinsky, Todd M. Rice, *Thinking About Thinking Machines: Implications of Machine Inventors for Patent Law*, 8 Boston University Journal of Science & Technology Law 574 (2002).

〔4〕 See Ryan Abbott, *I Think, Therefore I Invent: Creative Computers and the Future of Patent Law*, 57 Boston College Law Review 1079 (2016).

研发的智力成果来说，采取"一般技术水平的人工智能"标准无疑是不公平。因而有必要对智力成果的来源作出区分，即人工智能生成的智力成果采用新的"一般技术水平的人工智能"标准，而人类研发的智力成果则仍应采用一般技术人员标准。[1]

（二）人工智能生成智力成果获得知识产权保护后的权责分配问题

在人工智能生成智力成果的可版权性、可专利性判定中，如若答案是肯定的，即意味着人工智能所生成的智力成果是知识产权法所保护的智力成果，相应的权利人应当获得一定期限的独占权利。然而，新的问题也由此产生，即人工智能生成智力成果的知识产权归属及相关责任分配问题。在人工智能生成智力成果的过程中，编程者、使用者、数据提供者等多方主体都参与其中，并且都为最终智力成果的生成作出了贡献，因而也就衍生出了人工智能生成智力成果获得知识产权保护后财产权利如何配置及其侵权责任如何承担的难题。

在权利归属层面，由于人工智能主体资格的缺失，如何在编程者、使用者、数据提供者等对人工智能生成智力成果作出贡献的主体之间合理配置知识产权，无疑是人工智能生成智力成果获得知识产权保护后所面临的首要问题。在实践中，基于各方主体在不同智力成果生成过程中的不同贡献程度，编程者、使用者、数据提供者都拥有成为人工智能生成智力成果的知识产权人的依据，但都不够充分。具言之，编程者一般拥有人工智能程序的著作权，从物权层面的孳息理论来看，人工智能生成智力成果是原

---

〔1〕 See Erica Fraser, *Computers as Inventors – Legal and Policy Implications of Artificial Intelligence on Patent Law*, 13 SCRIPTed: A Journal of Law, Technology and Society 305 (2016).

物(人工智能)的孳息,人工智能生成智力成果的知识产权作为一种权利孳息则应由程序员或其雇主享有。[1] 但是,由于人工智能生成智力成果的过程中需要大量数据作为保障,拥有人工智能软件程序的著作权并不当然意味着拥有该软件程序创造物的知识产权。虽然智力成果由人工智能所生成,但其与物权上的孳息有很大不同,其并非作为原物的人工智能的自然生成,而需要数据提供者等相关主体提供实质性支撑与辅助。[2] 数据提供者虽为人工智能生成智力成果提供了必要基础,直接决定了最终智力成果的内容与形式,但其并未影响人工智能的创造功能,因而将知识产权授予数据提供者对于编程者等其他相关方而言无疑是不公平的。使用者基于其最易激励与最需激励的属性,[3] 作为人工智能生成智力成果最早发现者被认为是该智力成果的适格知识产权人,但这也是不公平、低效率且不合逻辑的。在人工智能生成智力成果的过程中,使用者触发启动按钮或接通电源的行为,并未对人工智能生成智力成果的活动具有实质性贡献,其只是"发现"了智力成果,而非"创造"了智力成果。[4] 由此看来,在人工智能生成智力成果的知识产权配置过程中,无论是编程者、使用者,还是数据提供者,都不能被笼统地认定为知识产权人,而应根据某一智力成果生成过程中各方主体在人工智能工作中的地位与对最终成果的贡献来确定人工智能生成智力成果的知识产

---

〔1〕 参见黄玉烨、司马航:《孳息视角下人工智能生成作品的权利归属》,载《河南师范大学学报(哲学社会科学版)》2018 年第 4 期。

〔2〕 参见王瀚:《欧美人工智能专利保护比较研究》,载《华东理工大学学报(社会科学版)》2018 年第 1 期。

〔3〕 See Pamela Samuelson, *Allocating Ownership Rights in Computer - Generated Works*, 47 University of Pittsburgh Law Review 1127 (1986).

〔4〕 See Ryan Abbott, *I Think, Therefore I Invent: Creative Computers and the Future of Patent Law*, 57 Boston College Law Review 1079 (2016).

权归属于编程者、使用者、数据提供者等相关主体中的哪一方，或者由哪几方所共有。

在责任承担层面，基于人工智能生成智力成果过程中复杂的社会关系，人工智能所生成的智力成果存在知识产权侵权时也会产生编程者、使用者、数据提供者等各方主体之间的责任配置难题。[1] 基于人工智能生成智力成果的自动性，在实践中如若出现知识产权侵权问题，往往难以辨别是由哪一主体的工作纰漏所导致。无论是编程者、使用者，还是数据提供者，都没有直接干预人工智能进行技术创造，尤其是在当前网络信息共享的环境下，难以鉴别成果中组成部分的来源，进而加剧了侵权责任承担者的判断难度。[2] 换言之，由于在人工智能生成智力成果的过程中没有受到任何人的控制与干预，编程者、使用者、数据提供者等相关主体都不具有侵权故意，而且同人工智能生成智力成果所造成的知识产权损害之间也不存在直接的因果关系。编程者、使用者、数据提供者都不是知识产权侵权行为实施者，他们都可以以此抗辩以拒绝承担侵权责任。但是，编程者、使用者、数据提供者等相关主体又不能完全同人工智能生成智力成果的知识产权侵权撇清关系，毕竟他们都为最终智力成果的生成作出了自己的贡献。因此，从权利责任相一致的原则出发，由人工智能生成智力成果的知识产权人承担相应的知识产权侵权责任或许就是最合理的责任配置方式。

有鉴于此，有必要专门建构人工智能生成智力成果的权责分

---

〔1〕 参见曹建峰、祝林华：《人工智能对专利制度的影响初探》，载《中国发明与专利》2018 年第 6 期。

〔2〕 See Liza Vertinsky, Todd M. Rice, *Thinking About Thinking Machines: Implications of Machine Inventors for Patent Law*, 8 Boston University Journal of Science & Technology Law 574 (2002).

配规则，以化解人工智能生成知识产品过程中出现的权责分配难题。如前所述，在人工智能生成智力成果的过程中，编程者、使用者、数据提供者等相关主体都没有直接参与智力成果的生成，但智力成果的生成又是在他们的努力下完成的，因而也就产生了智力成果的知识产权由何方主体享有，以及法律责任由何方主体承担的实践难题。在利益的驱动下，各相关主体之间的权利争夺与责任推诿会像竞技比赛一样，如果没有明确的规则或者规则没有被充分地遵守，竞赛就无法有序地运行。[1] 基于编程者、使用者、数据提供者等相关主体与人工智能之间的关系同职务发明及特殊职务作品中雇主与雇员发明人之间法律关系的相似性，在具体的规则构建过程中，有必要借鉴职务发明约定模式优先、法定规则兜底的制度安排，对人工智能生成智力成果的相关财产权利与法律责任在相关主体之间合理进行配置。[2]

一方面，应促进约定模式的充分适用。通过契约机制由编程者、使用者、数据提供者等相关主体根据自身需求约定人工智能生成智力成果的权利归属与责任承担，无疑是合理分配权责的最佳模式。为促进约定模式的充分适用，在实践中应严格遵循约定模式在效力上的优先性、在内容上的多元性、在范围的合理性。首先，在效力层面上，约定模式的优先性是实现相关主体积极协商，根据技术特性做出个性化权责配置约定的重要前提。如若约定模式不具有优先适用的效力，相关主体对人工智能生成智力成

[1] See Robert D. Cooter, Aaron Edlin, Robert Litan, George Priest, *The Importance of Law in Promoting Innovation and Growth*, in Rules for Growth: Promoting Innovation and Growth Through Legal Reform, Ewing Marion Kauffman Foundation, 2011, p. 6.

[2] 参见刘鑫：《职务发明权利归属的立法变革与制度安排——兼评〈专利法修订草案（送审稿）〉第 6 条》，载《法学杂志》2018 年第 2 期。

果权责配置问题的约定也就失去了适用的空间。[1] 其次，在内容层面上，约定模式的多元性即意味着相关主体不仅可以通过平等协商明确人工智能生成智力成果的权利由其中一方享有、责任由其中一方承担，或是约定各方主体按照一定的比例享有权利承担责任，或者共有权利并承担连带责任等，相关主体还可以就人工智能生成智力成果的转化运用及持续研发等具体事项加以约定。因为在当前市场环境瞬息万变的情况下，智力成果何时使用、何时商业化对于相关主体都至关重要。[2] 最后，在范围层面上，约定模式一定要在法律允许的范围内运行，相关主体应遵照诚实信用原则平等协商，避免其对于权责配置的约定因违反法律的强制性规定而失去效力。

另一方面，应保证法定规则的合理设计。在编程者、使用者、数据提供者等相关主体对人工智能生成智力成果的权利归属与责任承担没有作出约定或是约定失效的情况下，则按照法定规则进行权责分配。因而，为保证权责配置的合理性，在法定规则的设计中应格外注重其在效力上的权威性、在内容上的导向性、在范围上的稳定性。首先，在效力层面上，法定规则的权威性是保证相关主体没有对权责作出约定或约定无效情况下法律所设定权责配置规则被相关主体遵守的重要基础。唯有如此，才能实现有效法定规则对约定模式的兜底作用。其次，在内容层面上，法定规则的设计应从人工智能生成智力成果过程中各方主体的法律地位出发，给出符合一般需要的权责分配，并为相关主体之间的权责约定提供指导与参考。针对人工智能技术高投资、高风险的现状，学者们大多从投资者利益出发，支持人工智能生成物归

[1] 参见王瑞龙：《知识产权共有的约定优先原则》，载《政法论丛》2014 年第 5 期。

[2] See Robert P. Merges, *Individual Creators in the Cultural Commons*, 95 Cornell Law Review 793 (2010).

属于所有者的法定安排。[1] 在目前人工智能生成智力成果为政府或大型企业所主导的情况下，由所有者享有相关财产权利并承担相应法律责任无疑也是最为合理的制度选择。最后，在范围层面上，法定规则的设计一定要具有稳定性，不能朝令夕改，保证法律后果的可预见性，实现人工智能生成智力成果的合理权责分配。

（三）人工智能生成智力成果进入公有领域后的风险控制问题

在人工智能生成智力成果的可版权性、可专利性判定中，如若答案是否定的，则意味着人工智能所生成的智力成果被排除在知识产权法的保护范围之外并进入公有领域。但这并不意味着人工智能所生成的智力成果与知识产权法毫无关系。人工智能往往会为知识产权人生成文献资料或技术方案以实现其战略目的。不仅如此，一旦公有领域中大量充斥人工智能所生成的文献资料或技术方案，将严重影响知识产权效力的稳定性和技术创新的延续性。

在知识产权制度运行过程中，若有大量人工智能生成的智力成果进入公有领域，会使知识产权法陷入不断增加的海量文献之中，无疑会降低已有作品的独创性水平及已授权专利技术的创造性水平，引发著作权侵权风险和专利权的无效风险，[2] 进而严重影响相关作品及技术的市场价值、减少知识产权人在许可使用和

---

〔1〕 相关论述，参见吴汉东：《人工智能时代的制度安排与法律规制》，载《法律科学（西北政法大学学报）》2017 年第 5 期；易继明：《人工智能创作物是作品吗?》，载《法律科学（西北政法大学学报）》2017 年第 5 期；熊琦：《人工智能生成内容的著作权认定》，载《知识产权》2017 年第 3 期；朱雪忠、张广伟：《人工智能产生的技术成果可专利性及其权利归属研究》，载《情报杂志》2018 年第 2 期。

〔2〕 See Mark A. Lemley, Carl Shapiro, *Probabilistic Patents*, 19 Journal of Economic Perspectives 76 (2005).

侵权诉讼过程中的议价能力。[1] 在专利法领域，人工智能生成发明成果进入公有领域后对专利效力稳定性的侵蚀，甚至还会引发恶意增加现有技术致使他人专利无效的机会主义行为，毕竟利用现有技术无效一项专利技术的成本远小于研发一项新的专利技术。[2] 此外，在市场主体利用人工智能生成防御性现有技术布局于其核心专利周边的过程中，会出现人工智能生成的相关现有技术虽进入公有领域，但由于和受保护的专利技术密切相关而无法为社会公众所自由使用，造成对后续创新的巨大阻碍，严重背离了专利法的制度宗旨。[3] 因此，可以说，人工智能大量生成智力成果进入公有领域的情况，对于知识产权制度而言是一种巨大挑战，不仅会使相关市场竞争失序，更会带来知识产权制度运行的成本增加，乃至知识产权制度价值扭曲等法律运行风险。[4]

有鉴于此，有必要设置人工智能生成智力成果进入公有领域的风险防范机制，避免市场主体利用人工智能生成公有领域智力成果扰乱相关市场竞争秩序，维护现有知识产权效力的稳定性，保证知识产权制度的有序运行。尤其是在市场竞争中，应就市场主体应用人工智能生成公有领域文献资料及技术方案等相关行为展开竞争效果衡量，以市场主体是否具有扩大市场支配地位等不正当的目的以及是否产生了相应的反竞争效果为基准，评判其

---

〔1〕 See Alan C. Marco, Saurabh Vishnubhakat, *Certain Patents*, 16 Yale Journal of Law and Technology 106 (2013).

〔2〕 See Erica Fraser, *Computers as Inventors – Legal and Policy Implications of Artificial Intelligence on Patent Law*, 13 SCRIPTed: A Journal of Law, Technology and Society 305 (2016).

〔3〕 See Ben Hattenbach, Joshua Glucoft, *Patents in an Era of Infinite Monkeys and Artificial Intelligence*, 19 Stanford Technology Law Review 32 (2015).

〔4〕 参见吴汉东、张平、张晓津：《人工智能对知识产权法律保护的挑战》，载《中国法律评论》2018 年第 2 期。

是否对人工智能自主运转功能进行了不当应用。若判定市场主体构成对人工智能的不当应用,则应采取措施对市场主体的相关行为予以制止,以避免造成更为严重的市场危害。众所周知,知识产权制度本身就是一种创新的竞争机制。[1] 虽说在市场主体应用人工智能自主运转功能实施其知识产权战略的过程中,往往并未直接生成知识产权法保护的内容及技术成果,但相关文献资料及技术方案的产生对于市场的影响却不容小觑,甚至能够直接决定主体的市场权利与市场地位。在知识产权法律实践中,无论是行政执法还是司法审判都应注意对人工智能自主运转功能的适度应用,不能完全以人工智能替代人进行价值判断。这是因为作为人工智能运转核心的算法,它不同于一般技术,它是非中立的,它最终效果的发挥很大程度上受制于数据的质量,甚至还会通过特定数据处理与整合主导人类选择,在算法看来"人"仅仅是数据,抑或电子痕迹的汇总,经过对数据化、碎片化的资料的整理,便可形成各种各样的自动化区分、评分、排序和决策。[2] "算法作恶""算法黑箱"等人工智能运行失灵的情况正是由此而生。为此,在应用人工智能生成公有领域智力成果的过程中,既应通过充分的数据资料供给提升人工智能算法输出结果的准确性,还应从算法的本质特点出发,把握好应用的限度,以消除算法的规训,并确保辅助知识产权法律实践的人工智能算法是规训的算法,从而使人工智能生成智力成果进入公有领域的潜在风险得以有效防范。[3]

---

〔1〕 参见吴汉东:《无形财产权基本问题研究》(第3版),中国人民大学出版社2013年版,第281页。

〔2〕 参见郑戈:《算法的法律与法律的算法》,载《中国法律评论》2018年第2期。

〔3〕 参见姜野:《算法的规训与规训的算法:人工智能时代算法的法律规制》,载《河北法学》2018年第12期。

本章小结

人工智能技术的发展与普及，使人类社会进入全新的人工智能时代。作为当下最为前沿的技术之一，人工智能不仅是改变人类生活的利器，更是引发制度变革的重要诱因。美国在2016年发布了《国家人工智能研究与发展策略规划》，已将人工智能提升到国家战略层面，几乎同时，我国也将发明人工智能列入了国务院印发的《"十三五"国家科技创新规划》。[1] 与此同时，面对当下不断涌现的人工智能新业态，知识产权法等相关法律制度也应积极予以回应。

人工智能技术本体从基础层中的算法模型到感知层和认知层的技术方案与计算机软件再到应用层的最终产品，可版权性及可专利性判断因技术特征与功能形态的不同而出现不同的结论。其中，基础层中的算法模型一般被认为是自然法则或抽象概念而不具备可专利性；感知层和认知层中的技术方案及计算机软件依赖于算法模型与特定硬件或应用场景相结合而形成，也依据算法模型与特定硬件或应用场景的结合状况来判断相应技术方案的可专利性和相关计算机软件的可版权性；应用层中最终产品的可版权性及可专利性完全取决于产品的性质与结构。不仅如此，人工智能技术多层性的复杂基础架构，无疑也带来了权利归属的分散性，并加剧了上下游产业之间的依赖与制约。因此，为平衡人工智能技术运行中各方主体的利益，应从不同层次中人工智能技术的知识产权运营风险出发，结合企业、产业、社会的发展需要与

[1] 参见易继明：《人工智能创作物是作品吗？》，载《法律科学（西北政法大学学报）》2017年第5期。

运行实践,有针对性地提出人工智能技术的多元知识产权运营策略,推行人工智能的合理化知识产权布局、联盟化知识产权管理、平台化知识产权交易,进而化解人工智能技术本体的知识产权运营难题。

人工智能技术的不断发展,使技术创造不再是人类的"专利"。人工智能生成智力成果的情况,为知识产权法的适用带来了诸多争议与难题,从理论层面的正当性证成争议到实践层面的可版权性及可专利性标准失灵、知识产权归属与责任分配困境等实践难题,知识产权法规制人工智能生成智力成果的挑战体现在制度运行的方方面面。[1] 但是,这并不意味着知识产权法无法对人工智能所生成的智力成果进行保护。人工智能并非凭空出现的物质,其所生成的智力成果也并非与众不同的内容或技术,唯一发生改变的只是相关内容或技术的生成方式。因此,在现行知识产权法的制度框架下,只需通过引入人工智能法律人格拟制的制度设计、创立人工智能生成智力成果的可版权性及可专利性标准、构建人工智能生成智力成果的权责分配规则、设置人工智能生成公有领域智力成果的风险防范机制等法律调整,即可实现对人工智能生成智力成果的合理保护与有效规制。

此外,还必须格外注意的是,人工智能技术本体及其生成客体的知识产权保护问题,仅仅是人工智能新业态发展中诸多法律问题的一个小方面,智能系统致人损害的侵权法问题、人类隐私保护的人格权问题、智能驾驶系统的交通法问题、机器"工人群体"的劳动法问题等更多的法律挑战会随着人工智能技术应用的不断

[1] 参见刘鑫:《人工智能生成技术方案的专利法规制——理论争议、实践难题与法律对策》,载《法律科学(西北政法大学学报)》2019 年第 5 期。

增多而日益显现。[1] 不仅如此,人工智能的应用与普及还可能会带来一系列的社会安全与伦理问题,如若规制不力,甚至会产生集中大量出现且影响广泛,大大超过个人能理解和掌控的风险范围,威胁健康与安全的公共风险。[2] 因此,可以说,不仅人工智能新业态需要知识产权法的合理规制与保障,人工智能技术发展与应用中衍生的各类社会问题都需要相关法律制度及时作出应对。

---

〔1〕 参见吴汉东:《人工智能时代的制度安排与法律规制》,载《法律科学(西北政法大学学报)》2017 年第 5 期。

〔2〕 See Peter Huber, *Safety and the Second Best: The Hazards of Public Risk Management in the Court*, 85 Columbia Law Review 277 (1985).

第六章　结　　论

一、新业态知识产权保护法律规则的建构意义

近年来，随着科学技术的飞速进步，我国经济社会发展形态发生了深刻变化，形成了以新兴技术与创新产业深度融合为表征的新领域和新业态，一系列与之相关的知识产权保护新问题也应运而生。如何实现对新业态的合理知识产权保护与有效知识产权规制，是当前新发展格局下我国知识产权制度建设所面临的重要课题。其中在信息技术革命所催生的数字网络新业态下，呈现出了传统文化资源数字转换知识产权界定与网络内容产业运营知识产权合规两个层面的法律难题；在生物技术发展所促成的基因科创新业态下，基因数据知识产权保护中的权益冲突和基因编辑知识产权保护中的社会风险是无法回避的法律挑战；在智能技术涌现所带来的人工智能新业态下，无论是人工智能技术本体还是其自主生成的客体都面临着知识产权保护的法律困境。[1] 从数字网络到基因科创，再到人工智能，层出不穷的新业态源自科学技术的迅速更迭与市场竞争的日趋激烈。知识产权制度作为保障科技创新、促进经济发展的重要法律机制，在新业态的推广

---

〔1〕 参见刘鑫：《新业态知识产权保护法律问题的阐释与纾解》，载《中国市场监管研究》2021 年第 10 期。

与运营过程中不可或缺,并发挥着关键性的作用。然而,面对新业态的不断涌现,知识产权制度如若不能与时俱进,则势必会影响制度效用的发挥,难以为新业态的繁荣发展提供有力的法律支持。对此,我国在《国民经济和社会发展第十四个五年规划和2035年远景目标纲要》中作出了完善知识产权相关法律法规、加快新领域新业态知识产权立法的战略部署。进行新业态知识产权保护法律问题的研究,无疑是对这一要求的深入贯彻,也是对落实这一要求相关举措的重要探索。

建设中国特色、世界水平的知识产权强国,是新时代的知识产权保护工作的总抓手。[1] 经历了改革开放40余年的发展,我国已经成为当今世界名副其实的"知识产权大国",拥有着完备的知识产权法律体系与不断涌现的知识产权新业态,尤其是党的十八大以来,我国先后出台了《深入实施国家知识产权战略行动计划(2014—2020年)》、国务院《关于新形势下加快知识产权强国建设的若干意见》等一系列的重大政策,知识产权保护的法治化水平持续提升,走出了一条具有中国特色的知识产权保护道路,为我国经济社会的创新发展提供了有力的法律保障与制度支持。但是,我们也必须清醒地认识到,知识产权领域的"大而不强、多而不优"是当下中国推进新业态高质量发展迫切需要解决的关键问题。[2] 为此,中共中央、国务院准确判断国内形势,印发了《知识产权强国建设纲要(2021—2035年)》,提出"建设中国特色、世界水平的知识产权强国",对现在以及未来一段时期包括知识产权制度建设和事业进步作出了整体安排,为新发展阶段下我国知

[1] 参见申长雨:《新时代知识产权强国建设的宏伟蓝图》,载《知识产权》2021年第10期。

[2] 参见张鹏:《知识产权强国建设思想形成、理论构成与实践证成研究》,载《知识产权》2021年第10期。

识产权法治建设的持续推进提供了政策纲领与行动指南。[1] 在知识产权强国战略的指引下,我们应以更加开放、包容的态度来应对新业态的产生与发展,以及时的制度创新回应新业态的运营需要。对于新业态知识产权保护法律问题的有效应对,是我国实现知识产权强国建设目标的重要环节,对促进我国知识产权制度更好发挥创新激励作用、推动新业态科技成果运用、助力产业转型升级和高质量发展具有重要意义。为此,我们不仅应从理论维度分析归纳总结新业态知识产权保护的价值目标,从实践维度分析把握数字网络新业态、基因科创新业态、人工智能新业态中知识产权法律问题的具体表征,还应在此基础上根据不同场景下不同属性的知识产权法律问题展开类型化分析,从而有针对性地提出相关法律挑战与难题的应对策略,为我国知识产权强国建设的持续推进提供法律保障。

二、新业态知识产权保护法律规则的完善建议

新业态知识产权保护法律问题的产生源自新兴技术成果所带来的全新商业模式与产业结构。因此,新业态知识产权保护法律规则构建的本质目的即是对新业态下的知识产权市场竞争的有效规制。正如日本学者富田彻男所说,"实现智力成果的市场化是知识产权制度的一大目标"[2]。知识产权是特定主体对知识财产所享有的一种专有权,这也就意味着权利人对于知识财产的权利是具有独占性的。在某种程度上可以认为,知识产权法是一项保护权利人对其知识财产享有合法垄断权的法律制度。在

---

〔1〕 参见吴汉东:《新时代知识产权强国建设的政策纲领和行动指南》,载《科技日报》2021 年 9 月 30 日,第 1 版。

〔2〕 [日]富田彻男:《市场竞争中的知识产权》,廖正衡等译,商务印书馆 2000 年版,第 3 页。

当今新业态的市场竞争中，新兴技术成果基于知识产权法的保护拥有了合法市场垄断，进而获得竞争优势。但若相关知识产权人为获取更大市场力量，扩大知识产权的垄断效力，则往往会构成对知识产权的滥用行为，形成对新业态市场竞争的阻碍。因而，也就需要通过新业态知识产权保护法律规则的完善与优化，以规范新业态下的知识产权相关的市场竞争行为，从而为新业态发展营造良好的知识产权法治环境。

面对当前以数字网络、基因科创、人工智能等为代表的新业态，我国知识产权制度应保持与时俱进的先进性，在知识产权制度框架内建立起以本土发展诉求为核心的主动性调整的立法理念，并积极推进知识产权制度本土化、战略化、现代化，以适时的制度创新对新技术、新领域、新业态作出立法回应。充分发挥知识产权制度的创新激励效用，以严格的知识产权保护引领新业态的创新发展，为我国社会主义现代化国家建设提供有力支撑。具体而言，首先，在数字网络新业态下，针对传统文化网络转换的知识产权界定难题，应通过厘清数字化文本版权性质、理顺网络运营发展路径等举措，实现知识产权制度对传统文化的创新发展的接纳；网络平台内容产业的知识产权合规难题，则应回归内容本质，从内容原创及二次创作的生成机制出发，展开具体判断与综合考量，以合理、有效的知识产权保护为网络内容平台化运营新业态的持续发展提供助力。其次，在基因科创新业态下，针对基因数据知识产权保护中的权益冲突，应依据法益优先与利益平衡原则、知情同意与惠益分享原则，从制度建构和制度调整两个方面入手来建构基因数据库特殊保护制度与完善现行著作权法律制度；基因编辑知识产权保护中的社会风险则应从本土国情出发，以立法形式积极作出回应，作出符合我国发展需要的立法政策选择，并设置相应的运营机制以应对潜在风险。最后，在人工智能新业态下,针对人工智能技术本体的知识产权保护难题,应从人工智能技术的复合型结构出发,结合企业、产业、社会的发展需要与运行实践,有针对性地提出人工智能技术的多元知识产权运营策略;人工智能生成客体的知识产权保护困境,则应在现行知识产权法的制度框架下,通过引入人工智能法律人格拟制的制度设计、创立人工智能生成智力成果的可版权性及可专利性标准,构建人工智能生成知识产品的权责分配规则加以应对。

三、新业态知识产权保护法律规则的国际化愿景

新业态知识产权保护法律规则的形成与完善,是我国知识产权制度与时俱进、实现知识产权法律现代化的重要体现。知识产权法基于科技革命而生,由于科技革命而变,其制度史本身就是一个法律制度创新与科技创新相互作用、相互促进的过程。从 17 世纪产生至今,经过了从工业革命到信息革命全部四次科技革命,知识产权法的每一次的重大发展变革都与科学技术的发展密切相关。[1] 因此,可以说,知识产权法三四百年的发展史,是随着科技革命的推进而实现法律完善的制度变迁史。20 世纪 80 至 90 年代,我国知识产权法律制度初步建立,恰逢全球范围内掀起了以网络技术、基因技术等为代表的新一次科技革命,层出不穷的科技成果引发了诸多社会变革,也使我国知识产权制度无时无刻不面临着新技术发展带来的挑战,并及时给出法律回应。当前,我国正在从知识产权引进大国向知识产权创造大国转变,知识产权工作正在从追求数量向提高质量转变。在新技术、新领域、新业态知识产权方面尤其需要加强立法,使知识产权规则与时俱进,从而更好地满足新业态运行的现实需要,以高效的知识产权制度创新助

---

〔1〕 参见吴汉东:《科技、经济、法律协调机制中的知识产权法》,载《法学研究》2001 年第 6 期。

力新业态发展。

随着我国知识产权制度现代化进程的持续推进，新业态知识产权保护法律规则体系日趋健全，但仍应积极加强我国新业态知识产权保护法律规则的国际化程度，融入全球知识产权治理变革进程，开展全方位、多层次、高水平的国际合作，以平等、开放、透明、包容的精神，提炼新业态知识产权保护经验并进行国际化表达，增强新领域新业态知识产权议题议程设置能力，提高我国在新业态知识产权国家规则制定中的话语权。与此同时，把握时代契机，从国际、区域和双边多元维度实施知识产权治理"中国方案"，发出新业态知识产权保护国际化的"中国声音"，作出新业态知识产权保护的"中国决策"。[1]

知识产权法的国际化，是指知识产权法律规范的基本原则和主要规则在全球范围的普适性。它以各国知识产权制度趋同化与一体化为基本特点，但这并不意味着在保护内容、保护标准、保护水平等方面的全球知识产权法律规范的统一化。一直以来，西方资本主义国家积极推行知识产权国际化保护战略，其本质在于利用知识产权的垄断本性来实现科技成果的利益化和经济发展的知识化。[2] 对于我国而言，知识产权法的国际化既是制度的挑战，也是发展的机遇。正如郑成思教授所言，"要看到全球化中知识产权保护强化对我们不利的一面，更要看到'保护'在建设创新型国家中的重要作用"[3]。20 世纪中后期，美欧等西方发达国家所倡导的知识产权国际化，实质上是超出了我国当时的经济发展

[1] 参见马一德：《全球治理大局下的知识产权强国建设》，载《知识产权》2021 年第 10 期。

[2] 参见曲三强：《知识产权保护的国际化趋势》，载《法治研究》2010 年第 4 期。

[3] 郑成思：《国际知识产权保护和我国面临的挑战》，载《法制与社会发展》2006 年第 6 期。

需要并对我国本土产业经济的发展具有一定制约效应的国际化。当前新业态知识产权保护法律规则的国际化与之完全不同,其是我国从本土诉求出发,引领国际知识产权规则制定的重要战略选择。换言之,当下新业态知识产权保护法律规则的国际化,事实上是知识产权国际规则的"中国化"发展进程,是我国建构知识产权国际保护新体系,促使中国创造、中国品牌"走出"国门走向国际经贸竞争的关键领域和市场前沿的关键举措。面对当前诸如大数据、云计算、基因编辑、人工智能等新兴科技成果的不断涌现与广泛应用所带来的日益多元化的科创研发新领域和市场运营新业态,我国应与国际社会携手应对新领域新业态知识产权保护中遇到的各种问题,促进全球知识产权治理体制向着更加公正合理方向发展。尤其是在当今我国国内国际"双循环"的新发展格局下,知识产权制度在充分发挥创新驱动的积极效应,以高效的制度创新实现各项规定与新领域新业态发展诉求的协调与契合,通过全链条式的严格保护推进新领域新业态中营商环境的不断优化的同时,还应坚决维护新业态发展中知识产权层面的国家安全。在国家稳定与安全的基础前提下,以全方位、多层次、高水平的国际合作机制,积极维护和发展新业态知识产权多边合作体系,形成新业态知识产权国际保护与合作的"中国模式",构建新业态知识产权国际保护的新秩序,以新型的法律国际化发展模式和共商共建共享的知识产权全球治理格局实现新业态知识产权保护法律规则的国际化愿景。[1]

---

〔1〕 参见易继明:《后疫情时代"再全球化"进程中的知识产权博弈》,载《环球法律评论》2020 年第 5 期。

参考文献

一、中文文献

(一)中文著作

1. 林毅夫:《制度、技术与中国农业发展》,格致出版社、上海三联书店、上海人民出版社 2014 年版。

2. 刘星:《西窗法雨》,法律出版社 2013 年版。

3. 刘友华:《云计算专利法律问题研究》,法律出版社 2018 年版。

4. 龙文懋:《知识产权法哲学初论》,人民出版社 2003 年版。

5. 申长雨主编:《迈向知识产权强国之路——知识产权强国建设基本问题研究》(第 1 辑),知识产权出版社 2016 年版。

6. 申长雨主编:《迈向知识产权强国之路——知识产权强国建设实施问题研究》(第 2 辑),知识产权出版社 2017 年版。

7. 王洪亮:《债法总论》,北京大学出版社 2016 年版。

8. 王利明:《人格权法研究》,中国人民大学出版社 2005 年版。

9. 王迁:《网络环境中的著作权保护研究》,法律出版社 2011 年版。

10. 王泽鉴:《人格权法:法释义学、比较法、案例研究》,北京大学出版社 2013 年版。

11. 吴汉东:《无形财产权基本问题研究》(第 3 版),中国人民大学出版社 2013 年版。

12. 吴汉东:《知识产权基本问题研究(总论)》(第 2 版),中国人民大学出版社 2009 年版。

13. 吴汉东:《著作权合理使用制度研究》,中国人民大学出版社 2013 年版。
14. 吴军:《智能时代:大数据与智能革命重新定义未来》,中信出版集团股份有限公司 2016 年版。
15. 徐瑄:《知识产权的对价理论》,法律出版社 2013 年版。
16. 许海燕:《中国近现代专利制度研究(1859 ~ 1949)》,知识产权出版社 2010 年版。
17. 颜厥安:《鼠肝与虫臂的管制——法理学与生命伦理探究》,北京大学出版社 2006 年版。
18. 尹新天:《中国专利法详解》(缩编版),知识产权出版社 2012 年版。
19. 赵云:《文化遗产数字化展示研究》,中国地质大学出版社 2016 年版。
20. 肇旭:《生物技术专利授权要件研究》,法律出版社 2014 年版。
21. 郑成思:《版权法》,中国人民大学出版社 2009 年版。
22. 左旭初:《中国商标法律史(近现代部分)》,知识产权出版社 2005 年版。
(二)中文译著
1. [德]伯恩·魏德士:《法理学》,丁晓春、吴越译,法律出版社 2013 年版。
2. [澳]布拉德·谢尔曼、[英]莱昂内尔·本特利:《现代知识产权法:英国的历程(1760—1911)》(第 2 版),金海军译,北京大学出版社 2012 年版。
3. [美]德沃金:《至上的美德:平等的理论与实践》,冯克利译,江苏人民出版社 2003 年版。
4. [美]E. 博登海默:《法理学:法律哲学与法律方法》,邓正来译,中国政法大学出版社 2004 年版。
5. [法]E. 迪尔凯姆:《社会学方法的准则》,狄玉明译,商务印书馆 1995 年版。
6. [日]富田彻男:《市场竞争中的知识产权》,廖正衡等译,商务印书馆 2000 年版。
7. [加]赫伯特·马歇尔·麦克卢汉:《理解媒介——论人的延伸》,何道宽译,商务印书馆 2000 年版。
8. [德]黑格尔:《法哲学原理》,范扬、张企泰译,商务印书馆 1961 年版。

9. [德]卡尔・拉伦茨:《法学方法论》,陈爱娥译,商务印书馆 2003 年版。
10. [美]克雷格・文特尔:《生命的未来:从双螺旋到合成生命》,贾拥民译,浙江人民出版社 2016 年版。
11. [英]克里斯托弗・米勒德编著:《云计算法律》,陈媛媛译,法律出版社 2019 年版。
12. [德]库尔特・拜尔茨:《基因伦理学:人的繁殖技术化带来的问题》,马怀琪译,华夏出版社 2000 年版。
13. [美]理查德・波斯纳:《法律的经济分析》(第 2 版),蒋兆康译,法律出版社 2012 年版。
14. [法]卢梭:《社会契约论》,何兆武译,商务印书馆 1980 年版。
15. [美]路易斯・D. 布兰代斯等:《隐私权》,宦盛奎译,北京大学出版社 2014 年版。
16. [英]洛克:《政府论》(下篇),叶启芳、瞿菊农译,商务印书馆 1964 年版。
17. [美]Martin J. Adelman, Randall R. Rader & Gordon P. Klancnik:《美国专利法》,郑胜利、刘江彬译,知识产权出版社 2011 年版。
18. [日]田村善之:《田村善之论知识产权》,李扬等译,中国人民大学出版社 2013 年版。
19. [英]约翰・穆勒:《功利主义》,徐大建译,商务印书馆 2014 年版。

(三)中文论文

1. 蔡元臻、白睿成:《云计算服务平台适用避风港规则的局限性及其破解》,载《知识产权》2020 年第 4 期。
2. 曹丽荣:《从 Myriad 案谈基因专利的正当性及美国对基因专利授权实质性要件分析》,载《中国生物工程杂志》2013 年第 1 期。
3. 曹阳:《知识产权间接侵权责任的主观要件分析——以网络服务提供者为主要对象》,载《知识产权》2012 年第 11 期。
4. 陈超、展进涛:《转基因技术对我国植物新品种保护制度的挑战》,载《知识产权》2006 年第 6 期。
5. 陈景辉:《面对转基因问题的法律态度——法律人应当如何思考科学问

题》,载《法学》2015 年第 9 期。
6. 丛立先:《体育赛事直播节目的版权问题析论》,载《中国版权》2015 年第 4 期。
7. 崔国斌:《大数据有限排他权的基础理论》,载《法学研究》2019 年第 5 期。
8. 崔国斌:《得形忘意的服务器标准》,载《知识产权》2016 年第 8 期。
9. 崔国斌:《认真对待游戏著作权》,载《知识产权》2016 年第 2 期。
10. 冯洁涵:《全球公共健康危机、知识产权国际保护与 WTO 多哈宣言》,载《法学评论》2003 年第 2 期。
11. 冯术杰:《论网络服务提供者间接侵权责任的过错形态》,载《中国法学》2016 年第 4 期。
12. 冯晓青:《网络游戏直播画面的作品属性及其相关著作权问题研究》,载《知识产权》2017 年第 1 期。
13. 付丽霞:《美国专利客体制度发展历程的回顾与疏解》,载《中国发明与专利》2019 年第 1 期。
14. 胡加祥:《转基因食品安全性的法律思辨——"无罪推定"还是"有罪推定"》,载《法学》2015 年第 12 期。
15. 黄玉烨:《人类基因提供者利益分享的法律思考》,载《法商研究》2002 年第 6 期。
16. 黄玉烨、司马航:《孳息视角下人工智能生成作品的权利归属》,载《河南师范大学学报(哲学社会科学版)》2018 年第 4 期。
17. 姜野:《算法的规训与规训的算法:人工智能时代算法的法律规制》,载《河北法学》2018 年第 12 期。
18. 蒋功成:《伪科学,坏科学? ——优生学所受到的批判及其分析》,载《科学技术与辩证法》2007 年第 5 期。
19. 焦和平:《三网融合下广播权与信息网络传播权的重构——兼析〈著作权(修改草案)〉前两稿的相关规定》,载《法律科学(西北政法大学学报)》2013 年第 1 期。
20. 焦和平:《网络游戏在线直播画面的作品属性再研究》,载《当代法学》

2018 年第 5 期。
21. 孔祥俊、毕文轩:《电子商务平台知识产权恶意投诉的规制困境及其化解——以 2018—2020 年已决案例为样本的分析》,载《山东大学学报(哲学社会科学版)》2022 年第 1 期。
22. 孔祥俊:《商业数据权:数字时代的新型工业产权——工业产权的归入与权属界定三原则》,载《比较法研究》2022 年第 1 期。
23. 李琛:《短视频产业著作权问题的制度回应》,载《出版发行研究》2019 年第 4 期。
24. 李丹林:《媒介融合时代传媒管制问题的思考——基于"公共利益"原则的分析》,载《现代传播(中国传媒大学学报)》2012 年第 5 期。
25. 李陶:《体育赛事举办者转播权的私法保护》,载《清华法学》2020 年第 5 期。
26. 李陶:《我国网络音乐独家许可的运行逻辑与完善策略》,载《法学》2021 年第 6 期。
27. 李扬:《网络游戏直播中的著作权问题》,载《知识产权》2017 年第 1 期。
28. 梁志文:《论人工智能创造物的法律保护》,载《法律科学(西北政法大学学报)》2017 年第 5 期。
29. 梁志文:《网络服务提供者的版权法规制模式》,载《法律科学(西北政法大学学报)》2017 年第 2 期。
30. 凌宗亮:《网络游戏的作品属性及其权利归属》,载《中国版权》2016 年第 5 期。
31. 刘春田:《知识财产权解析》,载《中国社会科学》2003 年第 4 期。
32. 刘家瑞:《为何历史选择了服务器标准——兼论聚合链接的归责原则》,载《知识产权》2017 年第 2 期。
33. 刘琳:《大数据时代商业数据财产权理论的勃兴与批判》,载《华中科技大学学报(社会科学版)》2022 年第 2 期。
34. 刘文杰:《网络服务提供者的安全保障义务》,载《中外法学》2012 年第 2 期。

35. 刘银良:《信息网络传播权的侵权判定——从“用户感知标准”到“提供标准”》,载《法学》2017 年第 10 期。
36. 刘影:《人工智能生成物的著作权法保护初探》,载《知识产权》2017 年第 9 期。
37. 龙俊:《数字音乐版权独家授权的竞争风险及其规制方法》,载《华中科技大学学报(社会科学版)》2020 年第 2 期。
38. 卢海君:《短视频的〈著作权法〉地位》,载《中国出版》2019 年第 5 期。
39. 吕明瑜、张严:《基因专利冲突及其治理路径分析》,载《知识产权》2017 年第 4 期。
40. 马一德:《全球治理大局下的知识产权强国建设》,载《知识产权》2021 年第 10 期。
41. 马忠法、谢迪扬:《论“通知—移除”规则中网络服务平台的法律责任》,载《上海财经大学学报》2019 年第 6 期。
42. 梅夏英、姜福晓:《数字网络环境中著作权实现的困境与出路——基于 P2P 技术背景下美国音乐产业的实证分析》,载《北方法学》2014 年第 2 期。
43. 倪朱亮、徐丽娟:《“通知—删除”规则的适用局限及出路——以两则新型网络服务提供者案例为切入点》,载《电子知识产权》2020 年第 4 期。
44. 乔生:《信息网络传播权立法评价与完善》,载《中国法学》2004 年第 4 期。
45. 曲三强:《知识产权保护的国际化趋势》,载《法治研究》2010 年第 4 期。
46. 桑本谦:《法律教义是怎样产生的——基于后果主义视角的分析》,载《法学家》2019 年第 4 期。
47. 尚志红:《人类基因提供者利益分享实现的构想》,载《法学杂志》2005 年第 2 期。
48. 申长雨:《新时代知识产权强国建设的宏伟蓝图》,载《知识产权》2021 年第 10 期。
49. 石必胜:《网络不正当竞争认定中的公共利益考量》,载《电子知识产权》

2015 年第 3 期。

50. 司晓:《网络服务提供者知识产权注意义务的设定》,载《法律科学(西北政法大学学报)》2018 年第 1 期。

51. 宋全成:《论自媒体的特征、挑战及其综合管制问题》,载《南京社会科学》2015 年第 3 期。

52. 宋亚辉:《网络干扰行为的竞争法规制——“非公益必要不干扰原则”的检讨与修正》,载《法商研究》2017 年第 4 期。

53. 唐海清:《转基因植物的品种权保护探析》,载《吉首大学学报(社会科学版)》2010 年第 3 期。

54. 唐艳:《论二次创作的著作权法规制与保障》,载《知识产权》2016 年第 11 期。

55. 陶乾:《论著作权法对人工智能生成成果的保护——作为邻接权的数据处理者权之证立》,载《法学》2018 年第 4 期。

56. 陶鑫良:《非公益必要不干扰原则与反不正当竞争法一般条款适用》,载《电子知识产权》2015 年第 3 期。

57. 涂龙科:《网络内容管理义务与网络服务提供者的刑事责任》,载《法学评论》2016 年第 3 期。

58. 万勇:《著作权法强制性过滤机制的中国选择》,载《法商研究》2021 年第 6 期。

59. 王瀚:《欧美人工智能专利保护比较研究》,载《华东理工大学学报(社会科学版)》2018 年第 1 期。

60. 王康:《人类基因编辑实验的法律规制——兼论胚胎植入前基因诊断的法律议题》,载《东方法学》2019 年第 1 期。

61. 王利明:《隐私权概念的再界定》,载《法学家》2012 年第 1 期。

62. 王迁:《论人工智能生成的内容在著作权法中的定性》,载《法律科学(西北政法大学学报)》2017 年第 5 期。

63. 王迁:《论提供“深层链接”行为的法律定性及其规制》,载《法学》2016 年第 10 期。

64. 王迁:《论体育赛事现场直播画面的著作权保护——兼评“凤凰网赛事转播案”》,载《法律科学(西北政法大学学报)》2016 年第 1 期。
65. 王瑞龙:《知识产权共有的约定优先原则》,载《政法论丛》2014 年第5 期。
66. 王延光:《优生学与克隆技术研究的伦理争议》,载《哲学动态》2000 年第 8 期。
67. 王宇红:《转基因植物的知识产权保护模式探析》,载《西北大学学报(哲学社会科学版)》2008 年第 3 期。
68. 王渊:《数据安全视角下 IaaS 模式云服务商版权责任研究——以阿里云版权侵权案为例》,载《中国科技论坛》2020 年第 8 期。
69. 王震:《基因专利与专利池》,载《研究与发展管理》2007 年第 4 期。
70. 吴汉东:《法哲学家对知识产权法的哲学解读》,载《法商研究》2003 年第 5 期。
71. 吴汉东:《科技、经济、法律协调机制中的知识产权法》,载《法学研究》2001 年第 6 期。
72. 吴汉东:《论网络服务提供者的著作权侵权责任》,载《中国法学》2011 年第 2 期。
73. 吴汉东:《人工智能时代的制度安排与法律规制》,载《法律科学(西北政法大学学报)》2017 年第 5 期。
74. 吴汉东:《网络技术革命与版权制度变革》,载《中国出版》2015 年第 23 期。
75. 吴汉东、张平、张晓津:《人工智能对知识产权法律保护的挑战》,载《中国法律评论》2018 年第 2 期。
76. 吴汉东:《知识产权的多元属性及研究范式》,载《中国社会科学》2011 年第 5 期。
77. 吴汉东:《知识产权法的制度创新本质与知识创新目标》,载《法学研究》2014 年第 3 期。
78. 吴汉东:《知识产权领域的表达自由:保护与规制》,载《现代法学》2016 年第 3 期。

79. 吴汉东:《中国知识产权法制建设的评价与反思》,载《中国法学》2009 年第 1 期。
80. 肖尤丹:《发展困局:我国网络著作权制度的嬗变及转型》,载《图书情报知识》2010 年第 2 期。
81. 熊琦:《人工智能生成内容的著作权认定》,载《知识产权》2017 年第 3 期。
82. 熊琦:《Web 2.0 时代的著作权法:问题、争议与应对》,载《政法论坛》2014 年第 4 期。
83. 熊琦:《"视频搬运"现象的著作权法应对》,载《知识产权》2021 年第 7 期。
84. 熊琦:《音乐著作权许可模式的转型路径选择》,载《法学家》2014 年第 1 期。
85. 熊琦:《音乐著作权制度体系的生成与继受》,载《法学》2013 年第 12 期。
86. 熊琦:《著作权法"通知—必要措施"义务的比较经验与本土特色》,载《苏州大学学报(法学版)》2022 年第 1 期。
87. 徐实:《美国网络平台承担知识产权间接侵权责任的经验与启示》,载《北方法学》2018 年第 5 期。
88. 薛军:《民法典网络侵权条款研究:以法解释论框架的重构为中心》,载《比较法研究》2020 年第 4 期。
89. 杨青峰:《云计算时代关键技术预测与战略选择》,载《中国科学院院刊》2015 年第 2 期。
90. 杨绪东:《网络服务提供者"转通知"义务的适用研究》,载《电子知识产权》2021 年第 3 期。
91. 易继明:《国家治理现代化进程中的知识产权体制改革》,载《法商研究》2017 年第 1 期。
92. 易继明:《后疫情时代"再全球化"进程中的知识产权博弈》,载《环球法律评论》2020 年第 5 期。
93. 易继明:《评财产权劳动学说》,载《法学研究》2000 年第 3 期。

94. 易继明:《人工智能创作物是作品吗?》,载《法律科学(西北政法大学学报)》2017 年第 5 期。
95. 易军:《法律行为制度的伦理基础》,载《中国社会科学》2004 年第 6 期。
96. 袁曾:《人工智能有限法律人格审视》,载《东方法学》2017 年第 5 期。
97. 曾学东:《专利当然许可制度的建构逻辑与实施愿景》,载《知识产权》2016 年第 11 期。
98. 詹映:《"通知—移除"规则在专利领域的适用性分析》,载《法商研究》2017 年第 6 期。
99. 张纪元:《我国云计算市场特点》,载《通信企业管理》2022 年第 3 期。
100. 张鹏:《知识产权强国建设思想形成、理论构成与实践证成研究》,载《知识产权》2021 年第 10 期。
101. 赵雷:《美国 2011 年专利法第一案 Myriad 案评——人类基因可专利性的再思考》,载《知识产权》2012 年第 6 期。
102. 肇旭:《Myriad 案与基因专利的未来》,载《河北法学》2014 年第 1 期。
103. 郑成思:《国际知识产权保护和我国面临的挑战》,载《法制与社会发展》2006 年第 6 期。
104. 郑戈:《迈向生命宪制——法律如何回应基因编辑技术应用中的风险》,载《法商研究》2019 年第 2 期。
105. 郑戈:《算法的法律与法律的算法》,载《中国法律评论》2018 年第 2 期。
106. 周莳文、蒋风采等:《构建我国基因专利池的设想》,载《华南理工大学学报(社会科学版)》2012 年第 1 期。
107. 周园、谭丽玲:《通知删除规则适用之阙如及其完善》,载《科技与法律(中英文)》2021 年第 3 期。
108. 朱程斌:《论人工智能法人人格》,载《电子知识产权》2018 年第 9 期。
109. 朱雪忠、张广伟:《人工智能产生的技术成果可专利性及其权利归属研究》,载《情报杂志》2018 年第 2 期。
110. 朱振:《反对完美? ——关于人类基因编辑的道德与法律哲学思考》,载《华东政法大学学报》2018 年第 1 期。

111. 祝建军:《网络游戏直播的著作权问题研究》,载《知识产权》2017 年第 1 期。

二、外文文献

1. Adriane Scola, *Uncommon Genes, Unpatentable Subject Matter*, 34 Seattle University Law Review 909 (2011).
2. Alan C. Marco, Saurabh Vishnubhakat, *Certain Patents*, 16 Yale Journal of Law and Technology 106 (2013).
3. Ben Hattenbach, Joshua Glucoft, *Patents in an Era of Infinite Monkeys and Artificial Intelligence*, 19 Stanford Technology Law Review 32 (2015).
4. Brandon Zuniga, *Lessons from the Federal Circuit: Avoiding Unpatentability for Life Science Inventions*, 95 Journal of the Patent and Trademark Office Society 223 (2013).
5. Byan E. Arsham, *Monetizing Infringement: A New Legal Regime for Hosts of User - Generated Content*, 101 Geo. L. J. 775 (2013).
6. Carl Shapiro, *Navigating the Patent Thicket: Cross Licensing, Patent Pool and Standard Setting*, 1 Chapter in NBER book Innovation Policy and the Economy 119 (2001).
7. Christina Mulligan, *A Numerus Clausus Principle for Intellectual Property*, 80 Tennessee Law Review 235 (2013).
8. Colin R. Davies, *An Evolution Step in Intellectual Property Rights — Artificial Intelligence and Intellectual Property*, 27 Computer Law & Security Review 601 (2011).
9. Daniel Berdichevsky, Erik Neuenschwander, *Toward an Ethics of Persuasive Technology*, 42 Communications of the Acm 51 (1999).
10. Daniel J. Hemel, Lisa Larrimore Ouellette, *Beyond the Patents - Prizes Debate*, 92 Texas Law Review 303 (2013).
11. Dirk Czarnitzki, Andrew A. Toole, *Patent Protection, Market Uncertainty, and R & D Investment*, 93 The Review of Economics and Statistics 157

(2011).

12. Donald P. Harris, *Time to Reboot: DMCA* 2.0, 47 Ariz. St. L. J. 801 (2015).

13. Edmund W. Kitch, *The Nature and Function of the Patent System*, 20 Journal of Law & Economics 265 (1977).

14. Ellen Wright Clayton, *Informed Consent and Biobanks*, 33 Journal of Law, Medicine and Ethics 15 (2001).

15. Emanuela Arezzo, Gustavo Ghidini, *Biotechnology and Software Patent Law*, Edward Elgar Publishing Limited, 2011.

16. Erica Fraser, *Computers as Inventors – Legal and Policy Implications of Artificial Intelligence on Patent Law*, 13 SCRIPTed: A Journal of Law, Technology and Society 305 (2016).

17. Eric J. Rogers, *Can You Patent Genes – Yes and No*, 93 Journal of the Patent and Trademark Office Society 19 (2011).

18. Graham Dutfield, *Delivering Drugs to the Poor: Will the TRIPS Amendment Help*, 34 American Journal of Law & Medicine 107 (2008).

19. Graham Dutfield, Intellectual Property, *Biogenetic Resources and Traditional Knowledge*, Earthscan Press, 2004.

20. Graham Dutfield, *Intellectual Property, Biogenetic Resources and Traditional Knowledge*, Earthscan Press, 2004, p. 3.

21. James Bessen, Eric Maskin, *Sequential Innovation, Patents, and Imitation*, 40 RAND Journal of Economics 611 (2009).

22. James Q. Whitman, *The Two Western Cultures of Privacy: Dignity versus Liberty*, 113 Yale Law Journal 1151 (2004).

23. Jason Rantanen, *Patent Law's Disclosure Requirement*, 45 Loyola University Chicago Law Journal 369 (2013).

24. Jocelyn E. Krebs, Elliott S. Goldstein, Stephen T. Kilpat – rick, *Lewin's Genes X*, Jones and Bartlett Publishers, 2009.

25. John F. Duffy, *Rethinking the Prospect Theory of Patents*, 71 University of Chicago Law Review 438 (2004).

26. John S. Applegate, *The Prometheus Principle: Using the Precautionary Principle to Harmonize the Regulation of Genetically Modified Organisms*, 9 Indiana Journal of Global Legal Studies 2017 (2001).

27. Justin Hughes, *The Philosophy of Intellectual Property*, 77 Georgetown Law Journal 287 (1988).

28. Katharina Garbers - von Boehm, *Rechtliche Aspekte der Digitalisierung und Kommerzialisierung musealer Bildbestände*, Baden - Baden: Nomos, 2011.

29. Lara E. Ewens, *Seed Wars: Biotechnology, Intellectual Property, and the Quest for High Yield Seeds*, 23 Boston College International and Comparative Law Review 285 (2000).

30. Liza Vertinsky, Todd M. Rice, *Thinking About Thinking Machines: Implications of Machine Inventors for Patent Law*, 8 Boston University Journal of Science & Technology Law 574 (2002).

31. L. Ray Patterson, Stanley W. Lindberg, *The Nature of Copyright: A Law of Users' Rights*, 62 The Library Quarterly 475 (1992).

32. Mark A. Lemley, *Are Universities Patent Trolls*, 18 Fordham Intellectual Property, Media & Entertainment Law Journal 611 (2008).

33. Mark A. Lemley, Carl Shapiro, *Probabilistic Patents*, 19 Journal of Economic Perspectives 76 (2005).

34. Mark A. Lemley, *Reconceiving Patents in the Age of Venture Capital*, 4 Journal of Small and Emerging Business Law 139 (2000).

35. Mark A. Lemley, *The Myth of the Sole Inventor*, 110 Michigan Law Review 749 (2012).

36. Matthew U. Scherer, *Regulating Artificial Intelligence Systems: Risks, Challenges, Competencies, and Strategies*, 29 Harvard Journal of Law & Technology 363(2016).

37. Michael Abramowicz, John F. Duffy, *Intellectual Property for Market Experimentation*, 83 New York University Law Review 337 (2008).

38. Michael Abramowicz, *The Danger of Underdeveloped Patent Prospects*, 92 Cornell Law Review 1065 (2007).

39. Michael A. Heller, *The Tragedy of the Anticommons: Property in the Transition from Marx to Markets*, 111 Harvard Law Review 621 (1998).

40. Neil Postman, *Amusing Ourselves to Death: Public Discourse in the Age of Show Business*, 20th Anniversary edition, Penguin Books Ltd., 2006.

41. Pamela O. Long, *Invention, Authorship, Intellectual Property, and the Origin of Patents: Notes toward a Conceptual History*, 32 Technology and Culture 846 (1991).

42. Pamela Samuelson, *Allocating Ownership Rights in Computer - Generated Works*, 47 University of Pittsburgh Law Review 1199 (1986).

43. Paul M. Schwartz, *Property, Privacy, and Personal Data*, 117 Harvard Law Review 2056 (2004).

44. Peter Drahos, *A Philosophy of Intellectual Property*, Ashgate Publishing Limited, 1996.

45. Peter H. Schuck, *Rethinking Informed Consent*, 103 Yale Law Journal 899 (1994).

46. Peter Huber, *Safety and the Second Best: The Hazards of Public Risk Management in the Court*, 85 Columbia Law Review 277 (1985).

47. Peter K. Yu, *Virotech Patents, Viropiracy, and Viral Sovereignty*, 45 Arizona State Law Journal 1563 (2013).

48. P. J. Federico, *Origin and Early History of Patents*, 11 Journal of the Patent Office Society 292 (1929).

49. Robert P. Merges, *Individual Creators in the Cultural Commons*, 95 Cornell Law Review 793 (2010).

50. Ryan Abbott, *I Think, Therefore I Invent: Creative Computers and the*

Future of Patent Law, 57 Boston College Law Review 1079 (2016).

51. Tom G. Palmer, *Are Patents and Copyrights Morally Justified – the Philosophy of Property Rights and Ideal Objects*, 13 Harvard Journal of Law & Public Policy 817 (1990).
52. Vagelis Papkonstantinou, Paul de Hert, *Legal Challenges Posed by Online Aggregation of Museum Content: The Cases of Europeana and the Google Art Project*, 9 SCRIP Ted: A Journal of Law, Technology and Society 314 (2012).
53. Wendy J. Gordon, *A Property Right in Self – Expression: Equality and Individualism in the Natural Law of Intellectual Property*, 102 Yale Law Journal 1533 (1993).

跋

小书是本人主持的中国法学会2021年度部级法学研究课题一般项目“新业态知识产权保护法律问题研究”[CLS(2021)C22]的最终成果。写到此处,我不由地回想起课题申报的历程。2021年中国法学会课题改变了申请模式,以后期资助的方式展开,课题立项评审与结项评审同步进行。这一改变对我而言是一个很好的机会。包括数字网络、基因科创、人工智能等在内的新业态知识产权保护问题是我一直以来的研究领域,这也使我能够有足够的前期成果来保证课题研究工作的快速开展,但是,也必须要承认,后期资助的方式使我在课题申报过程中面临着巨大的写作压力。不过,好在功夫不负有人心,经过数月的文稿撰写与整理,形成了十余万字的研究成果,并最终获得了课题立项。

“新业态知识产权保护法律问题研究”这一选题源于我国在《国民经济和社会发展第十四个五年规划和2035年远景目标纲要》中所提出的“完善知识产权相关法律法规,加快新领域新业态知识产权立法”的战略规划。我最早以新业态知识产权保护为体系框架展开研究,源自《人民日报》有关“加快新领域新业态知识产权立法”的稿约,并有幸于2021年4月26日“世界知识产权日”当日在《人民日报》理论版发表。也正是该文对于新领域新业态知识产权保护法律问题的阐述,使我将原本散见于数字网络、基因科创、人工智能等诸多新兴领域内的知识产权研究成果进行体系化的表达与梳理,取得了中国法学会2021年度部级法学研究课题一般项目立项,并最终形成小书。

知识产权制度应创新而生,随创新而变。层出不穷的新领域新业态会在知识产权制度实施中衍生出各式各样的新问题。小书中着重讨论了数字网络新业态下的知识产权难题、基因科创新业态下的知识产权挑战、人工智能新业态下的知识产权困境。当然,这些只是当前新业态市场运营中表现相对突出的方面,但也是实践中十分具有代表性的知识产权保护法律问题。未来,随着科学技术的不断进步,经济社会的持续发展,势必会有更多的新领域新业态不断涌现,知识产权制度也势必会面临着更为严峻的挑战。但万变不离其宗,几百年来,知识产权制度一直都在以持续性的制度创新保障和推动着科技和产业的创新与发展。面对未来越来越多的新领域新业态,知识产权制度也必然能够与时俱进,以适时的法律完善与规则创制,为新领域新业态的繁荣发展提供有力的法律保障与制度支持。

小书有幸入选"南湖法学文库",并在中南财经政法大学法学院出版基金的资助下顺利出版。小书能够如期付梓,离不开法律出版社宋丽娜编辑的辛勤工作,在此深表感谢!同时,还要特别感谢恩师吴汉东教授多年来的大力提携,感谢父母的辛苦操劳,感谢我的妻子付丽霞博士一直以来的理解与支持,感谢长期以来关心我、鼓励我的各位师长、各位亲友,没有你们的帮助和支持,我不可能安心科研,并顺利完成对于新业态知识产权保护法律问题的探讨与研究。

刘　鑫

二〇二二年仲夏

于中南大文泓楼